Mincir vite et rester mince

Du même auteur, aux Éditions Albin Michel

Mincir sur mesure grâce à la Chrono-nutrition, 1999, 2005

230 recettes gourmandes pour mincir sur mesure
avec Guylène Neveu-Delabos, 2000

La Cuisine saveur pour mincir en beauté,
avec Guylène Neveu-Delabos, 2002

Le Régime starter, 2006

Mincir gourmand spécial Chrono-nutrition, 2007

La Chrono-nutrition spécial Ramadan,
avec Guylène Neveu-Delabos, 2007

Vaincre le cholestérol grâce à la Chrono-nutrition, 2008

Mincir en beauté grâce à la Morpho-nutrition, 2009

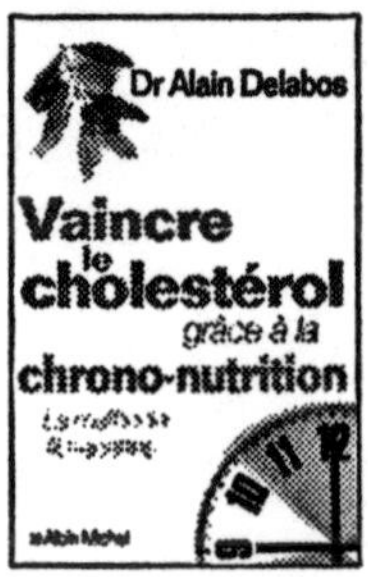

Dr Alain Delabos

Mincir vite et rester mince

La Chrono-nutrition® en 3 phases

Albin Michel

RAPPEL

Les termes Chrono-nutrition®, Morpho-nutrition®
et Chrono-régime®
sont des marques déposées.

IREN'S
Institut de Recherche Européen sur la Nutrition et la Santé
21, rue Royale, 75008 Paris
3, rue de la Pie, 76000 Rouen
Tél. : 02 35 73 09 23

www.chrono-coaching.fr
www.la-chrono-nutrition.com
www.biochrono.net

Poids et mesures

Pour le fromage, la viande, le chocolat et le poisson, les quantités sont données en grammes.
Pour tous les autres produits, j'ai adopté les mesures en cuillerées ou en centilitres pour deux raisons :

- tout d'abord, parce qu'il est très difficile au restaurant de demander combien devront peser les portions de légumes, de féculents et autres aliments qu'on mettra dans votre assiette pour accompagner la viande ou le poisson ;
- ensuite – et c'est peut-être la raison la plus importante –, pour vous amener à cesser de penser « régime » ! Car le fait de peser tous vos aliments vous incite inévitablement à vous croire soumis à un calibrage alimentaire artificiel, alors qu'utiliser une cuillère à soupe pour vous servir est un geste tout naturel !

Sommaire

Introduction

Après avoir conçu pour vous la Chrono-nutrition, qui permet de perdre du poids sans risque de fatigue ni de carences, je me suis aperçu, au fil des années, que certains d'entre vous étaient très pressés de perdre du poids et du volume à tout prix.

Il m'est donc venu l'idée de vous proposer un programme de Chrono-nutrition en trois étapes, avec un démarrage express.

Pour cela, j'ai créé une première phase **DÉMARRAGE EXPRESS** permettant de perdre du poids très rapidement, sans pour autant, rassurez-vous, risquer d'y perdre votre santé et/ou votre bonne humeur.

À la suite de cette première étape je vous propose une deuxième phase **INTERMÉDIAIRE**, c'est-à-dire une étape « palier » permettant de vous accoutumer progressivement aux règles de la Chrono-nutrition, tout en continuant à mincir à bonne vitesse. Enfin, vous entrerez dans la troisième phase **ÉQUILIBRE**, c'est-à-dire la Chrono-nutrition elle-même, que vous devrez poursuivre toute votre vie si vous voulez que votre poids, votre volume et votre métabolisme restent en permanence en parfait équilibre.

Voici donc résumées ces trois phases :

– 1 : LA PHASE DÉMARRAGE EXPRESS, d'une durée maximale de 4 semaines ;

– **2 : LA PHASE INTERMÉDIAIRE**, d'une durée de 2 à 4 semaines ;

– **3 : LA PHASE ÉQUILIBRE**, à poursuivre tout au long de votre existence.

Si vous êtes déjà un habitué de la Chrono-nutrition, l'intérêt de ce nouvel ouvrage est de vous donner la possibilité de moduler votre retour à des formes et un poids souhaitables, en choisissant l'une de ces trois phases, en fonction des circonstances dans lesquelles vous vous trouvez.

Si vous êtes en revanche néophyte en la matière, cela vous permettra de saisir toutes les possibilités que vous offre cette méthode alimentaire, dont les trois phases vous permettront de parfaitement maîtriser votre poids et vos formes, puis au fil des ans de pouvoir vous servir de sa flexibilité en toutes circonstances.

Mais toute entreprise demande un investissement. Et plus la détermination est grande, ce qui est sans doute votre cas, plus la discipline doit être rigoureuse si vous ne voulez pas rater votre démarrage, ou échouer en milieu de parcours.

Votre programme personnalisé

Vous souhaitez perdre moins de 8 kilos

• Commencez par la phase 1 *Démarrage express* jusqu'à ce que vous ayez atteint votre poids souhaité.

• Puis passez directement à la phase 3 *Équilibre* que vous poursuivrez toute votre vie.

Vous souhaitez perdre 8 kilos et plus

Commencez par la phase 1 *Démarrage express* pendant 4 semaines.

• *Si grâce à la phase 1 vous avez perdu les kilos souhaités :*

– consolidez votre perte de poids en passant à la phase 2 *Intermédiaire* pendant 2 semaines ;

– puis passez à la phase 3 *Équilibre* que vous poursuivrez toute votre vie.

• *Si la phase 1 ne vous a pas permis d'atteindre le poids souhaité.*

– accordez-vous une pause en passant à la phase 2 *Intermédiaire* pendant 2 à 4 semaines.

– après cela, si nécessaire, repartez sur les 4 semaines de phase 1 du *Démarrage express* et continuez à alterner 2 à 4 semaines de phase 2 *Intermédiaire* et 4 semaines de phase 1 *Démarrage express* jusqu'à atteindre le poids souhaité ;

– une fois votre perte de kilos atteinte, passez à la phase 3 *Équilibre* que vous poursuivrez toute votre vie.

Si vous rencontrez des difficultés dans le réglage de votre perte de poids, n'hésitez pas à me poser vos questions sur le site www.chrono-coaching.fr.

Ne croyez donc pas qu'il vous suffira de claquer des doigts pour perdre un nombre considérable de kilos en l'espace d'un instant et sans faire le moindre effort. Il vous faudra, pour parvenir à vos fins, suivre à la lettre chacune des étapes contenues dans ce livre ! Je l'ai déjà écrit et je ne me renierai pas : « la Chrono-nutrition s'apprend, un régime se subit ».

Vous voilà donc prévenu : inutile de tenter un écart sous prétexte de convivialité, car ne seront totalement récompensés de leurs efforts que celles et ceux qui auront respecté sans faiblir le bon déroulement de leur apprentissage étape par étape jusqu'à atteindre la perfection alimentaire… Ou presque !

Enfin, je peux vous le promettre, rien ne vous empêchera de réussir si vous acceptez de jouer le jeu sans tricher. Et ceci peu importe que vous soyez homme ou femme, grand ou petit, jeune ou moins jeune : votre âge, votre sexe, vos opinions politiques ou vos pratiques religieuses n'entreront pas en ligne de compte.

Qu'est-ce que la Chrono-nutrition ?

La Chrono-nutrition est l'art et la manière de manger de tous les aliments, aux moments de la journée où ils seront les plus utiles, afin de satisfaire chaque jour les besoins en énergie de notre organisme, sans que les aliments et les graisses ne soient pour autant stockés dans certaines parties du corps, créant ainsi des rondeurs malvenues. Il s'agira donc de répartir de manière raisonnée les aliments et les proportions en fonction du moment de la journée où ils seront absorbés, de votre activité, de votre taille et de l'intensité de votre appétit.

La Chrono-nutrition est une méthode d'alimentation que j'ai élaborée en 1986 et testée médicalement, puis avec l'aide de l'équipe des scientifiques de l'IREN'S (Institut de Recherche Européen sur la Nutrition et la Santé). Elle a largement fait ses preuves depuis plus de trente ans et est devenue une discipline que j'ai enseignée à la faculté de Dijon, dans le cadre du Diplôme universitaire de Nutraceutique placé sous la direction du professeur Jean-Robert Rapin, de 2001 à 2009. Et que j'enseigne désormais à l'École de Chrono-nutrition de Rouen, sous l'égide de l'IREN'S.

Fondée sur les principes de la **chronobiologie** (étude des rythmes biologiques auxquels sont soumis les êtres vivants, qu'il s'agisse des organismes ou des fonctions et cellules prises isolément) la Chrono-nutrition est une réorganisation naturelle de l'alimentation, respectueuse de règles aussi simples que révolutionnaires.

On sait maintenant que tout aliment est bénéfique s'il est consommé en fonction de notre horloge biologique, donc au bon moment de la journée. Car ses principes essentiels peuvent alors parvenir jusqu'à l'intérieur des cellules à structures protéinées, alors que le même aliment, pris à un autre moment de la journée, s'oriente vers une voie de garage et se retrouve stocké dans les cellules adipeuses. Il s'agira donc de consommer les bons aliments, au bon moment, et dans la bonne quantité.

Les bons aliments...

Tous les aliments sont bons, pourvu qu'ils soient naturels, bien préparés et agréables à consommer.

À part le lait, les yaourts, les petits-suisses, les fromages blancs, les crèmes dessert et tous les laitages contenant du lactose – strictement réservés aux enfants du premier âge (de 0 à 24 mois) et totalement interdits ensuite ! –, on n'exclura aucun aliment, sauf en cas de troubles métaboliques nécessitant des restrictions ou des majorations adaptées à chaque cas.

au bon moment...

Celui-ci sera déterminé en appliquant au quotidien les principes sur la chronobiologie. Ces derniers permettent en effet de définir très précisément comment répartir les besoins quotidiens qualitatifs de l'organisme en suivant une règle très simple :

– **Gras le matin**. Le petit déjeuner doit être copieux et riche en acides gras et en glucides lents. Le pain apporte les fibres, l'utilisation de pain complet en fournira le maximum.

– **Dense à midi.** Le déjeuner comprend les protéines animales et des protéines végétales associées à des glucides et des fibres.

– **Sucré en fin d'après-midi.** La collation de l'après-midi, prise obligatoirement au retour de l'appétit, est légère mais suffisante pour nous faire patienter si l'on n'a pas suffisamment mangé le matin ou à midi. Ce goûter n'est pas seulement un coupe-faim, il est défatigant et, si l'on veille à y incorporer les aliments que nous conseillons, il aura en prime un effet de relaxation permettant de terminer la journée en douceur.

– **Léger le soir, si l'on a encore faim.** Le repas du soir est léger et comporte peu d'aliments caloriques.

... et dans la bonne quantité

La quantité dépendra essentiellement des paramètres de vie de chacun : activité physique, activité intellectuelle et stature. La Chrono-nutrition est destinée à corriger les excès ou les carences alimentaires responsables des anomalies de volume et de poids.

Elle servira donc à corriger aussi bien la maigreur que le surpoids pour atteindre et garder une silhouette harmonieuse.

Ce qui la différencie de tous les régimes et notamment de notre phase 1, dont elle devra être la suite logique pour accéder définitivement à la perfection corporelle.

La base de la Chrono-nutrition s'exprime en pratique de la manière suivante :

– on chasse la graisse en mangeant gras le matin ;
– on protège les muscles en mangeant dense le midi ;
– on chasse l'eau en mangeant sucré au goûter ;
– on préserve le sommeil en mangeant léger le soir.

J'imagine déjà le sursaut de celles et ceux d'entre vous qui n'ont jamais lu qu'il faut manger gras le matin pour éliminer son surplus de graisse.

Contrairement à ce qu'ils ont pu penser, il ne s'agit pas d'une erreur mais d'une vérité première nous ayant permis, notamment, de découvrir pourquoi la diététique ne parvenait pas à maîtriser les hypercholestérolémies majeures.

Car la biochimie moderne a succédé à la chimie organique en introduisant la notion de chronologie dans les réactions chimiques permettant la métabolisation des éléments ingérés. Dans de nombreuses pathologies, on sait maintenant qu'il ne suffit pas de doser correctement les traitements, mais qu'il faut les prescrire au moment propice selon la pathologie concernée.

C'est ainsi qu'il conviendra de prendre le matin des aliments très gras... Mais pas n'importe lesquels.

La grande mode des oméga 3 pris le matin, sous forme de gélules ou de comprimés, est une erreur dangereuse, car il est scientifiquement prouvé que dans les premières heures de son activité quotidienne, l'organisme a besoin de se réapprovisionner essentiellement en acides gras saturés (fromage, huile d'olive, beurre), afin de métaboliser, puis de stocker les éléments nécessaires à la fabrication de ses parois cellulaires, comme je l'ai longuement expliqué dans *Mincir sur mesure grâce à la Chrono-nutrition.*

Avant de commencer, vérifiez votre état de santé biologique

Quand un patient vient me consulter pour la première fois, je demande systématiquement un bilan biologique complet pour vérifier qu'il n'existe pas une éventuelle anomalie dans le fonctionnement de sa mécanique humaine.

Si vous souhaitez tenter la démarche en solitaire il sera donc plus prudent de demander à votre médecin traitant de procéder à ce même bilan avant de commencer cette réorganisation alimentaire.

Pour évaluer correctement votre métabolisme nutritionnel, le bilan devra explorer différents organes.

BILAN BIOLOGIQUE	
ORGANES	EXAMENS BIOLOGIQUES
FOIE	– Cholestérol – Triglycérides – Gamma GT
PANCRÉAS ENDOCRINE PANCRÉAS EXOCRINE	– Glycémie – Amylasémie
REINS	– Créatinine – Acide urique
SANG	– Hb Alc – NFS – Ferritine
THYROÏDE	– T4
HYPOPHYSE	– TSH
MOELLE OSSEUSE	– NFS
RÉSERVE EN FER	– Ferritine – Fer serrique
RÉSERVE EN VITAMINE D	– Vitamine D2 - D3

Toute anomalie amènera le *chrono-nutritionniste*[1] ou le *chrono-expert* à compléter, s'il le faut, ce bilan global et pourra obliger à certaines restrictions alimentaires, ou au contraire accentuer la fréquence de certains aliments en cas de carences. Mais beaucoup d'anomalies dites de « surcharges » disparaîtront en même temps que votre excès de volume ou de poids, tout comme les carences – et notamment les anémies – se corrigeront par une

1. Voir p. 283 où trouver un chrono-nutritionniste ou un chrono-expert.

nutrition plus riche en l'élément ayant fait défaut dans l'alimentation.

Attention ! Il ne faut pas tomber dans le travers de la surcompensation, qui provoquerait un effet de balancier dans votre équilibre biologique. Il suffira simplement de manger normalement en respectant nos principes afin que les manques et/ou les excès se corrigent tout naturellement.

Cette exploration biologique soigneuse nous permettra de savoir si tout est définitivement rentré dans l'ordre et si vous pouvez manger comme tout le monde, ou si une anomalie persistante dans le fonctionnement de vos organes nous oblige à traiter celle-ci et à prendre quelques précautions dans la conduite personnelle de votre alimentation.

En ce qui concerne les hypercholestérolémies génétiques, il conviendra de garder quelques précautions alimentaires et de s'astreindre par sécurité à une Chrono-nutrition *thérapeutique*[2].

Celle-ci vous protégera de tous les accidents cardiaques ou vasculaires dont elles sont responsables quand on ne les maîtrise pas.

Mais vous pourrez aussi suivre ce programme en prenant en compte les recommandations qui vous seront faites au fur et à mesure de votre lecture.

Quant aux diabètes et aux hypercholestérolémies seulement liés aux surcharges, ils peuvent – et même doivent – disparaître en mettant tout simplement fin à des erreurs nutritionnelles plus ou moins multiples.

Pour les autres troubles métaboliques, vous trouverez également des solutions au cours de votre lecture.

---

2. Lire l'ouvrage que j'ai consacré à ce sujet : *Vaincre le cholestérol grâce à la Chrono-nutrition.*

Et retenez cette leçon de Dame Nature :

Il existe de multiples manières de perdre du poids pour maigrir, mais il n'y a qu'une seule façon de se nourrir correctement afin d'avoir un corps mince et en bonne santé : c'est celle que nos lointains ancêtres suivaient d'instinct pour survivre, obéissant aux lois de la nature, comme le font encore les animaux sauvages.

1

LA PHASE DÉMARRAGE EXPRESS

■ *Une phase limitée à 4 semaines maxi*

N'ayez crainte, ce n'est pas parce que vous avez branché le turbo pour aller plus vite que vous risquez d'y laisser votre santé, bien au contraire. En effet, à la différence des régimes carentiels, cette première phase *Démarrage express* est issue des règles de la Chrono-nutrition et ne risque en rien de provoquer les habituels effets secondaires consécutifs à des restrictions alimentaires parfois redoutables.

Il ne s'agit d'ailleurs pas de maigrir mais de mincir, c'est-à-dire de faire disparaître rapidement le gras et l'eau superflus, sans pour cela perdre de la masse musculaire, ni épuiser les réserves naturelles en vitamines de votre organisme.

Pour éviter un déséquilibre métabolique lié à la modification rapide de votre corps, je vous recommande d'inclure par sécurité, dans votre programme, d'une part un complexe polyvitaminé, c'est-à-dire des gélules comportant des vitamines en justes proportions et des oligo-éléments, et d'autre part des protéines rapidement assimilables à forte teneur en précurseur de la sérotonine. Nous y reviendrons en page 33.

Votre programme sera ainsi parfaitement efficace, même si son strict respect obligera certains d'entre vous à un effort d'adaptation plus ou moins difficile selon les habitudes acquises.

En revanche, **ce régime de départ sera limité aux quatre semaines** dont vous allez pouvoir lire le déroulement dans les pages suivantes. Car le poursuivre au-delà de cette durée dans le but de continuer à mincir, sans laisser à votre corps le temps de compenser une perte brutale de poids et de volume, vous exposerait à maigrir en puisant dans ses réserves profondes, en altérant notamment la gaine de myéline entourant les neurones et protégeant ceux-ci.

Il vous faudra donc redonner en temps utile à votre organisme la possibilité de préserver son équilibre poids/volume en lui permettant de faire à nouveau jouer la balance appétit/satiété. Et assurer ainsi la stabilisation de vos fonctions organiques, tout en conservant la possibilité de continuer à mincir pendant la deuxième phase dite « palier », au cours de laquelle on augmentera la part des protéines naturelles, avant d'arriver à la troisième phase dite « Équilibre » qui permettra la stabilisation définitive de vos formes et de votre poids si votre corps n'a pas encore atteint sa silhouette idéale.

La différence entre ces trois phases, est que seule la phase 1 peut être considérée comme un programme hypocalorique, encore qu'il ne soit en rien carentiel, car si les apports sont inférieurs en quantité, ils sont qualitativement parfaitement équilibrés.

Cette phase étant cependant différente des deux autres sur trois points précis :

1 • Elle apporte à l'organisme uniquement la nutrition correspondant à ses besoins vitaux ; ceci explique pourquoi il faudra compléter ce régime par deux compléments alimentaires : un complexe polyvitaminé et des protéines.

2 • Elle calibre cette nutrition en catégories alimentaires différentes, semaine après semaine, pour obliger l'organisme à modifier son stockage et à puiser toutes les semaines dans ses réserves.

Cette première étape vous apprend à respecter une palette alimentaire correcte et grâce aux recettes qui l'accompagnent vous découvrirez les variations culinaires auxquelles on peut se livrer quand on est confronté à un choix volontairement limité. Car la plupart d'entre vous, surtout quand vous souhaitez mincir, réduisent volontairement la variété de leurs aliments pour les limiter à ce qu'ils estiment être le strict nécessaire, oubliant que si, comme l'a dit l'écrivain Antoine Houdar de La Motte (1823-1891), « l'ennui naquit un jour de l'uniformité », l'obésité en est aussi la fille !

3 • Vous constaterez également que cette phase 1 retire quelques éléments habituels de votre alimentation afin de permettre à votre organisme de modifier certains constituants de ses stocks de graisses.

En insérant dans cette première phase « Démarrage express » un des principaux éléments du régime méditerranéen, l'huile d'olive, on modifie la qualité de vos apports en acides gras. Car, contrairement au beurre, l'huile d'olive ne contient pas d'acide butyrique, lequel est parfois difficilement assimilé et peut avoir un effet néfaste sur les cartilages articulaires.

Un objectif : éliminer

Cette première phase a pour objectif essentiel de vous débarrasser des excès d'eau et de graisse qui encombrent votre organisme, sans pour autant vous faire perdre votre masse musculaire, indispensable à l'équilibre de votre santé autant qu'à celui de votre silhouette. Conçue et programmée pour vous faire mincir rapidement et adaptée à vos besoins personnels en fonction de vos propres paramètres corporels, cette première étape vous permettra de vous nourrir chaque jour correctement, tant en quantité qu'en qualité.

Votre volume diminuera régulièrement en même temps que votre poids, ce que vous pourrez vérifier sur une balance à impédancemétrie[1] en constatant que votre corps s'allège et perd très rapidement son excès d'eau en même temps que vos cellules adipeuses diminuent de volume.

Cette élimination se fera à des rythmes différents selon que cette eau était logée dans la paroi abdominale, stockée dans la culotte de cheval, ou douloureusement stagnante dans les chevilles, les jambes, les cuisses ou les bras. C'est en effet, en dernier ressort, dans la racine des membres supérieurs que vient se loger l'eau quand elle n'a plus assez de place pour se stocker ailleurs. Le fait qu'on n'emmagasine pas à des endroits différents du corps explique pourquoi on ne peut pas perdre en même temps à ces endroits différents.

Vous ne perdrez donc pas obligatoirement vos kilos et vos centimètres superflus au même moment ni au même rythme. Mais cela ne vous empêchera pas de vous en débarrasser progressivement dans leur totalité si vous suivez à la lettre cette première étape et les suivantes.

1. Il s'agit d'une balance spéciale munie d'électrodes (on la trouve dans le commerce) qui permet d'évaluer les trois grandes composantes du corps : la masse maigre (squelette, muscles, organes), la masse grasse et l'eau. La pression des pieds sur les électrodes envoie un courant de très faible intensité et de très haute fréquence, qui traverse tout le corps pour ensuite être analysé. La masse maigre étant très conductrice, contrairement à la masse grasse, on peut ainsi évaluer la part de chacune.

Nous allons vous aider

Rassurez-vous, pour vous éviter un casse-tête permanent et la crainte de ne pas suivre un programme correct, vous trouverez dans les pages qui suivent toutes les instructions vous permettant d'établir « à la carte », suivant vos besoins et vos goûts personnels, la liste de tous vos repas pour les quatre semaines à venir.

Les conditions de votre réussite seront donc :

– de noter préalablement sur chaque page de votre programme personnel les quantités correctes de tous vos aliments ; (à cet effet, nous avons préparé des fiches journalières que vous pourrez photocopier et remplir) ;

– de choisir vos aliments préférés dans la liste des plats préparée à votre intention.

– enfin, de ne pas vous séparer de votre livre qui vous servira chaque jour de guide, pour des choix alimentaires judicieux.

Démarrage express

Comme nous l'avons vu, hormis certains problèmes de santé nécessitant un aménagement particulier de cette phase 1, ou l'interdisant totalement (voir p. 16), le schéma de base est le même pour tout le monde.

En revanche, la structure corporelle de chacun, qu'on peut comparer de façon simpliste au châssis d'une automobile, s'évalue principalement en fonction de la **taille** (la hauteur). Cette dernière sera donc votre paramètre personnel constant vous permettant de déterminer les rations alimentaires nécessaires à vos quatre repas quotidiens. Notez cependant qu'à ce paramètre s'ajoutera une variable : votre activité physique. La fréquence et l'intensité de celle-ci nécessiteront éventuellement l'ajout ponctuel et intermittent d'un apport complémentaire d'énergie (voir p. 30 et 51). Ceci afin d'éviter un amaigrissement par fonte musculaire, aussi inesthétique que dangereux pour votre santé. Toutefois la réussite de votre phase 1 dependra essentiellement des **proportions** de vos aliments.

Il faudra bien évidemment les respecter scrupuleusement à chaque repas, même si, dans les premiers jours, le fait de manger très différemment bouleverse profondément vos habitudes.

Les quantités sont en effet programmées au plus juste afin de vous amener à perdre comme promis un volume et un poids importants en 4 semaines maximum, ce qui vous obligera à beaucoup de vigilance lors des intervalles séparant vos repas.

Nous verrons plus loin comment résoudre le problème d'éventuelles fringales, à ne pas confondre avec de coupables envies, génératrices des pires bêtises.

Reste le problème des goûts qui, comme les couleurs et comme chacun sait, ne se discutent pas. Vous pourrez également en tenir compte, sans pour autant modifier votre programme nutritionnel, ni vous autoriser n'importe quoi sous prétexte de plus grand confort alimentaire.

Afin d'éviter les dérapages, vous trouverez plus loin les propositions de menus ou de plats dans lesquelles vous pourrez, je l'espère, trouver matière à satisfaire vos goûts sans trop d'efforts.

N'oubliez pas que vous avez acheté ce livre pour apprendre à perdre rapidement du poids et du volume, cela impliquant de votre part autant de discipline librement consentie que de bonne volonté pour cette première étape au cours de laquelle vous allez pouvoir tester votre capacité à vous soumettre à une discipline alimentaire agréable autant que possible, mais cependant très stricte.

Cependant il n'est pas question de vous faire courir le moindre risque en réduisant exagérément vos apports nutritionnels indispensables.

Nous avons donc prévu de prévenir des fringales liées à d'éventuelles carences (lesquelles n'ont rien à voir avec un excès d'appétit) en ajoutant aux aliments naturels des compléments nutritionnels dans lesquels votre organisme va pouvoir puiser les éléments essentiels à son équilibre physiologique.

On préviendra ainsi toute carence éventuellement provoquée par la restructuration rapide de votre corps, tout en vous débarrassant en quelques semaines de l'éventuel capiton adipeux accumulé disgracieusement sous la peau ainsi que des amas graisseux que vous pouvez avoir dangereusement stockés autour des organes et dans ceux-ci.

Mais les plus avertis d'entre vous savent que ce capiton sert en même temps de réservoir pour le stockage des vitamines liposolubles, et qu'en l'éliminant trop rapidement on risque de provoquer la fuite de ces précieuses vitamines.

C'est la raison pour laquelle nous n'allons surtout pas bannir les sauces ni le gras de votre programme nutritionnel, à l'inverse des régimes les excluant systématiquement pour obtenir un amaigrissement rapide aux dépens de votre santé.

Grâce à la programmation de cet apport soigneusement

dosé, vous pourrez mincir très rapidement sans risquer de déséquilibrer la physiologie nutritionnelle de votre organisme.

Précaution importante à respecter

Si j'ai prévu de prévenir les fringales, c'est parce que vous ne devez absolument pas souffrir de la faim pendant ce programme, ce qui aurait le double effet déplorable :

– premièrement, d'en garder un souvenir épouvantable !

– deuxièmement, de reprendre inéluctablement tout le poids – ou une grande partie de celui-ci – que vous aurez perdu en souffrant mille morts pendant plusieurs semaines.

Les fringales

J'ai pu constater deux cas de figure dans lesquels l'appétit ne peut pas être satisfait quotidiennement :

– Le premier cas est celui de celles et ceux qui, voulant aller trop vite ou faire des économies, ne vont pas se procurer les compléments alimentaires (gélules Chrono-Vita+ ou Chrono-vitamines, et Chrono-protéines) dont ils ont absolument besoin pour équilibrer correctement leurs apports nutritionnels quotidiens des phases 1 et 2.
Ceux-là sont invités fermement à suivre les indications de leurs programmes respectifs dans leur totalité et à ne pas en retrancher des éléments nutritionnels indispensables.

– Le deuxième cas, celui-ci tout à fait excusable, concerne les personnes ayant une activité physique assez importante et les sportifs, pour lesquels les quantités deviennent insuffisantes.
Pour les premières il faudra l'aide d'un chrono-expert ou d'un chrono-nutritionniste (voir p. 283), qui déterminera avec elles les quantités de gras saturés et de protéines qu'il convient d'ajouter à leur programme initial, tout comme (je l'ai déjà dit plus haut) les sportifs devront bénéficier de compléments alimentaires supplémentaires.

Vous avez donc bien compris qu'il faudra suivre à la lettre le programme et respecter à chaque repas les portions recommandées de chaque aliment pendant les quatre semaines de votre phase 1.

Cette phase 1 ne devra pas être répétée avant au moins 2 à 4 semaines de phase 2, qui sert de palier.

Les paramétrages

Ils sont de trois sortes. Il va falloir d'abord effectuer un **paramétrage quantitatif** de vos aliments, grâce à un référentiel personnel très simple que vous allez découvrir plus loin. Vient ensuite le **paramétrage qualitatif** de ceux-ci, en les choisissant dans une liste que vous pourrez consulter.

Ajoutons enfin un **paramétrage de sécurité**, qui concerne les complémentations alimentaires souhaitables à votre phase 1 *Démarrage express*.

Le paramétrage quantitatif

Pour vous simplifier la vie et vous éviter de savants calculs générateurs d'erreurs elles-mêmes responsables d'échecs, nous allons nous servir d'un paramètre connu de chacun : **sa taille (hauteur) en centimètres**.

C'est en effet le seul outil de référence dont vous aurez besoin pour définir les proportions correctes de chaque aliment composant chacun de vos repas, ce qui va vous faciliter le travail pour mettre en place la phase 1 de votre Chrononutrition en 3 phases.

Votre taille vous servira de façon précise à calculer les quantités de chaque aliment qui vous sont propres pour chaque repas, et vous permettra de déterminer sans erreur votre programme personnalisé.

Pour vous aider à les mémoriser sans erreurs possibles, vous allez d'abord noter ces quantités sur le tableau suivant, puis les reporter sur chacun des repas composant vos quatre semaines de phase 1 *Démarrage express.*

Attention ! La valeur de base indispensable est votre taille mesurée à la fin de votre croissance.

En effet, dès l'âge de 30 ans, la silhouette commence à se tasser et vous allez perdre progressivement de la hauteur ! Mais cela ne concernera que votre structure osseuse et non le reste de votre corps dont les besoins nutritionnels resteront les mêmes.

Ce qui sous-entend d'ailleurs que votre ration alimentaire quotidienne ne doit être diminuée tout au long de votre vie qu'en fonction de votre activité.

En effet, quel que soit votre âge, une fois votre croissance terminée, les paramètres quantitatifs de votre phase 1 resteront les mêmes, tant que vous resterez autant actif. Car ce sont les quantités de survie de votre organisme et à ce titre elles ne doivent pas être diminuées.

Votre taille (hauteur) en centimètres lorsque vous aviez entre 20 et 30 ans :

.... cm

Il vous suffira ensuite de vous servir de celle-ci pour définir très exactement, en grammes, chacune des quantités de tous les aliments nécessaires à l'apport correct d'énergie pour chacun de vos repas.

Le paramétrage qualitatif

Passez maintenant au paramétrage qualitatif, nettement plus amusant à mettre au point, car il vous permettra de donner libre cours à vos goûts… dans la limite cependant des listes établies pour vous.

Il ne faut pas que ces quatre semaines de discipline tournent au cauchemar et vous poussent à interrompre prématurément votre programme.

Vous trouverez, **au début de chaque semaine**, la liste des aliments conseillés et des suggestions vous permettant de constituer vous-même à l'avance chacun des 28 repas qui la composent.

Ainsi, vous allez pouvoir gérer vous-même l'aspect qualitatif de votre alimentation, semaine après semaine, tout au long de votre phase 1 *Démarrage express*. Et vous éviterez en même temps de déraper par lassitude… Pas de nutrition buissonnière !

Comme je vous l'ai déjà annoncé, il va être utile d'ajouter une sorte de « paramétrage de sécurité » par l'apport quotidien d'éléments nutritionnels et vitaminés complémentaires. Ceux-ci seront destinés :

– d'une part, à compenser la perte rapide de tissu graisseux contenant certaines vitamines ;

– d'autre part, à empêcher l'organisme d'aller puiser des provisions dans les masses musculaires pour compenser cette perte.

Le paramétrage de sécurité

Il est très simple : il faut prendre chaque jour, et pendant les quatre semaines que durera votre phase 1 *Démarrage express :*

Le matin, au petit déjeuner :

2 gélules de Chrono-Vita+ ou de **Chrono-vitamines**, c'est-à-dire un complexe polyvitaminé comportant des vitamines liposolubles et hydrosolubles ainsi que des oligoéléments en justes proportions. Voir p. 283 où les trouver.

Juste avant le goûter, quelle que soit l'heure :

1 barre ou 1 sachet de Chrono-protéines rapidement assimilables, à forte teneur en tryptophane, acide aminé essentiel, précurseur de la sérotonine, régulateur de la satiété, de l'humeur et du sommeil. Voir p. 283 où les trouver.

Comme vous pouvez le constater, cela ne vous compliquera pas l'existence et présentera l'avantage de vous procurer une sensation de bien-être, liée à votre perte de poids et de volume.

Tous les éléments de la réussite sont désormais en place. Votre programme vous attend un peu plus loin.

Le programme de la phase 1

Vous allez pouvoir consommer tous les aliments habituellement interdits par les régimes classiques… mais au bon moment de la journée. Car tout aliment est bénéfique s'il est consommé en fonction de l'horloge biologique de chacun. Ses principes essentiels peuvent alors parvenir jusqu'à l'intérieur des cellules à structures protéinées, alors que le même aliment ingéré à un autre moment sera inévitablement stocké.

LE PETIT DÉJEUNER

- Fromage
- Pain
- Huile d'olive
- Boissons

+ 2 gélules de Chrono-Vita+ ou de Chrono-vitamines (voir p. 283).

Les fondations de la journée

Le petit déjeuner doit vous permettre de commencer la journée en beauté. Il constitue la base nutritionnelle de la journée, destinée à donner à l'organisme les premiers éléments de sa reconstruction quotidienne.

Ne le négligez pas, car si vous sautez le premier repas de votre journée, vous fausserez la chronobiologie de celle-ci et ne pourrez plus prétendre maîtriser votre poids et votre volume, ni gérer correctement votre santé. En outre, vous souffrirez d'une sensation de faim tout au long de la journée.

Le petit déjeuner comprendra des lipides car il faut **manger gras le matin.** Ce repas clé est nécessaire pour la fabrication de vos parois cellulaires qui sont faites essentiellement de lipides (matières grasses). Il vous permettra également d'éviter le fameux coup de pompe de l'avant-midi. Habituez-vous à commencer votre journée par des corps gras accompagnés de « bons sucres », c'est-à-dire de sucres lents comme le pain.

Car il faut des sucres lents avec ce gras pour lancer le moteur, et **il faut des protéines** pour commencer dès le matin à approvisionner en ciment et en briques le corps qui dispose ainsi des matériaux nécessaires à sa reconstruction nocturne.

Huile d'olive et pain accompagneront donc le fromage sur la table de vos petits déjeuners.

Le matin, à l'heure du lever, si parfois l'idée d'avoir à affronter la journée peut vous donner l'envie d'aller vous recoucher, sachez qu'il ne s'agit pas d'une fatigue liée à un manque de sucre rapide, mais de l'asthénie psychique du réveil traduisant une difficulté de mise en route.

Ayez alors le courage de passer au petit déjeuner que je vous propose et votre matinée sera plus agréable qu'elle ne l'a jamais été.

Vous réserverez les aliments sucrés pour d'autres moments de la journée, notamment pour dissiper le coup de pompe ou la mauvaise humeur de fin d'après-midi.

Fromage

La quantité sera égale à votre taille en centimètres convertie en grammes, moins 100 g (par exemple, une personne de 1,70 m pourra prendre 170-100 = 70 g de fromage).

Fromage

Votre taille en centimètres	**Quantité**
150 cm ou moins	50 g
160 cm	60 g
170 cm	70 g
180 cm	80 g
190 cm et plus	90 g

Tous les fromages sont bons et utiles. À pâte fleurie, pâte pressée, pâte persillée, pâte molle et croûte lavée... Choisissez-les en fonction de vos goûts et de vos envies, sans jamais vous préoccuper de connaître leur pourcentage en corps gras. Et ne confondez pas fromage avec laitage (yaourt, fromage blanc, petit-suisse... qui contiennent du lactose et sont formellement interdits !).

Si vous n'aimez pas le fromage

Remplacez-le par :

– **1 œuf** (dur, mollet, sur le plat ou brouillé)

et

– .... g de **charcuterie** (saucisson, rillettes, pâtés de toute nature, andouille, mortadelle ou jambon fumé). Le poids sera égal au poids que vous auriez pris en fromage, soit votre taille en centimètres moins 100 g.

Pain

40 % du poids de votre portion de fromage calculée en p. 37.

Le calcul est simple : vous multipliez votre quantité de fromage par 0,4 et vous trouverez votre quantité de pain, à arrondir aux 5 g ou 10 g près.

Pain

Votre taille en centimètres	Quantité
150 cm ou moins	20 g
160 cm	24 g
170 cm	28 g
180 cm	32 g
190 cm et plus	36 g

Renouez avec le bon pain, ce sucre lent indispensable. Contrairement aux sucres rapides, trop vite brûlés au petit déjeuner par l'organisme, les sucres lents sont un carburant beaucoup mieux utilisé. Ils permettent la mise en place du métabolisme des graisses, que le feu de paille des sucres rapides ferait capoter.

Tous les pains sont bons pourvu qu'on n'y ait pas ajouté de sucres rapides, donc attention aux biscottes et aux pains de mie, qui contiennent des sucres ajoutés.

On se régalera en revanche de bon pain blanc croustillant, de pain de campagne, de pain au son, de pain aux céréales, de pain épis… et tant d'autres pains, y compris de pain aux noix si l'on a une envie de roquefort.

Si vous n'aimez pas le pain

Vous pouvez le supprimer. Mais si vous ne lui substituez pas un autre végétal riche en protéines végétales et en sucres lents, vous risquez de vous sentir affaibli en fin de matinée.

Vous le remplacerez donc par les mêmes féculents ou céréales qu'au déjeuner du midi (riz, semoule, pâtes, légumes secs) mais là vous devrez peser celui que vous aurez choisi et en manger le même poids que celui du pain, pas plus.

Et bien entendu pas de préparation comprenant des sucres rapides (céréales préparées, biscottes, biscuits et autres viennoiseries).

■ *Huile d'olive*

La quantité dépend de votre taille et je vous recommande de mettre cette huile d'olive sur le pain.

Huile d'olive

Votre taille en centimètres	Quantité
150 cm ou moins	1 cuil. à café
160 cm	2 cuil. à café
170 cm	3 cuil. à café
180 cm	4 cuil. à café
190 cm et plus	5 cuil. à café

Si vous n'aimez pas l'huile d'olive

Remplacez-la tout simplement par 10 g de beurre. Sauf si vous êtes victime d'une hypercholestérolémie génétique, l'acide butyrique contenu dans le beurre étant alors particulièrement néfaste à votre organisme, même si l'acide myristique est quant à lui bénéfique. Il vous restera dans ce cas la solution d'augmenter la quantité de fromage de 10 g.

■ *Boissons*

Café, thé, tisane, eau plate ou pétillante... À volonté, sans lait ni sucre ni miel ni édulcorant.

Attention au **soi-disant 0 %** et aux produits réputés non sucrés et light, que je vous conseille d'éviter à tout prix !

Redécouvrez le café et le thé !

Les meilleurs starters de votre mise en train seront le café et sa caféine, le thé et sa théine, mais ne vous contentez pas de ces boissons toniques, mangez !

En associant votre boisson à des corps gras utiles, des protéines animales, des protéines végétales et des sucres lents, vous prolongerez leur effet « coup de fouet ».

Oubliez le lait !

Pour les inconditionnels du lait, il est tentant d'ajouter... une goutte, dira l'avare, une larme, dira la femme triste, un soupçon, réclamera la femme jalouse, un nuage, demandera la rêveuse. Remplacez-les plutôt par une cuillerée à soupe de crème, ce sera nettement plus utile et surtout moins nocif pour le bon fonctionnement de votre organisme.

Le **lait est un faux ami** : non seulement il contient une importante proportion de lactose, sucre rapide totalement absent dans le fromage, mais il comporte en plus des éléments nutritionnels destinés à faire grandir et grossir le plus tôt possible les bébés. Abstenez-vous donc à tout jamais de consommer cet aliment réservé au premier âge, comme je vous l'ai d'ailleurs dit en début de cet ouvrage.

Refusez le sucre !

Le sucre rapide fait s'engager l'organisme dans une mauvaise voie métabolique car notre ordinateur personnel est paresseux : s'il a le choix entre une voie rapide et une voie lente, il choisit toujours d'aller au plus simple et de prendre le chemin le plus rapide... Il fonctionne alors en roue libre et laisse de côté son travail matinal de reconstruction en partenariat avec les sucres lents, pour sauter sur les sucres rapides qui sont immédiatement consommés, expliquant notre coup de fatigue en fin de matinée.

Bannissez les faux sucres et les édulcorants !

Il ne faut jamais tricher avec son corps si l'on veut définitivement se débarrasser de toute dépendance au glucose. Apprenez plutôt à mieux préparer le thé et le café, car si vous êtes obligé d'y ajouter du sucre, c'est sans doute parce que vous les faites beaucoup trop forts.

Il suffit d'une semaine pour que vos papilles gustatives désapprennent cette notion civilisée et reviennent aux critères ancestraux du goût.

■ *Le complément alimentaire*

N'oubliez pas l'importance de 2 gélules de Chrono-Vita+ ou Chrono-vitamines (voir p. 283) qui vous apporteront les vitamines et oligoéléments indispensables à l'équilibre de votre métabolisme en cette phase de modification rapide de vos habitudes alimentaires.

LE DÉJEUNER

• Viande • Féculents • Boissons Pas d'entrée, pas de salade, pas de fromage, pas de dessert, pas de vin, pas de pain.

Consolidez la construction de votre journée

Le déjeuner va servir à terminer les cellules qu'on a commencé à construire le matin. L'organisme va l'utiliser pour rééquilibrer ses moyens de défense et permettre ainsi au corps d'achever sa reconstruction quotidienne.

Ce déjeuner sera court, mais solide et efficace. Ainsi il n'entraînera pas de somnolence ou de lourdeur comme peut le faire un repas trop copieux ou mal équilibré. Manger lourd (dense) sans manger trop ni mal implique d'abord de manger simplement.

Aussi simple que nourrissant et aussi savoureux que simple, le déjeuner devra donc se composer de protéines animales et de féculents.

Viande

Votre part de viande sera égale à votre taille (hauteur) en centimètres, convertie en grammes (par exemple, une personne de 1,70 m pourra prendre 170 g de viande, pesée crue, quelle que soit la nature de celle-ci).

Viande

Votre taille en centimètres	**Quantité**
150 cm ou moins	150 g, pesée crue
160 cm	160 g, pesée crue
170 cm	170 g, pesée crue
180 cm	180 g, pesée crue
190 cm et plus	190 g, pesée crue

Le meilleur moment de manger les protéines lourdes que contient la viande sera toujours au déjeuner. Consommées à midi, ces protéines à longue chaîne seront plus facilement digérées puis utilisées en partie comme source d'énergie, en partie pour les synthèses cellulaires.

Le soir, on préférera des protéines à chaîne plus courte, mieux digérées. C'est le cas des protéines de poisson. À ce moment-là, les acides aminés libérés rapidement pourront participer à la reconstitution des cellules.

Ceci vous explique pourquoi je conseille de manger toutes les viandes que vous voulez à midi et non le soir. Et, inversement, je conseille d'éviter le poisson à midi car il est trop vite digéré.

Féculents

Selon votre taille (les quantités sont données pour des féculents cuits) :

Féculents cuits

Votre taille en centimètres	**Quantité**
150 cm ou moins	1 cuil. à soupe
160 cm	2 cuil. à soupe
170 cm	3 cuil. à soupe
180 cm	4 cuil. à soupe
190 cm et plus	5 cuil. à soupe

Comment reconnaître un féculent ?

Considérez comme féculents tous les végétaux dits « farineux » :

– féculents secs (lentilles, flageolets, haricots cocos, haricots Soissons, haricots rouges, pois cassés, pois chiches…) ;

– féculents frais (petits pois, fèves fraîches…) ;

– le quinoa, plante herbacée autrefois principal aliment végétal des civilisations précolombiennes, redevenu à la mode récemment, pour sa forte teneur en protéines et son goût agréable… Mais à ne pas consommer sur une longue période car il comporte un élément (la saponine) qui, comme dans le son d'avoine, bloque l'assimilation de certains aliments au travers de la paroi intestinale. (Préférez la variété *quinoa real*, c'est celle qui contient le moins de saponine).

Ne pas confondre le quinoa avec les céréales, qui seront totalement exclues de cette phase 1 *Démarrage express*.

Donc surtout pas de riz, ni de pâtes, ni de semoule, ni de polenta (c'est du maïs), ni d'autres céréales.

On cuisinera ces féculents comme on voudra, en respectant bien la règle d'or : **J'augmente la part de viande si j'ai faim, jamais la part de féculents.**

La viande sera le carburant utilisé à la mesure du besoin d'énergie, les féculents restant le carburant dont il ne faut pas abuser sous peine de stockage.

On pourra les préparer de toutes les manières et à toutes les sauces pourvu qu'on ne dépasse pas les quantités recommandées.

■ *Boissons*

Pas de vin, pas de boissons sucrées. Mais vous pouvez prendre de l'eau plate ou gazeuse, du thé, des tisanes ou du café, sans lait ni sucre ni miel ni édulcorant.

LE GOÛTER

- 1 barre ou 1 sachet de Chrono-protéines (voir p. 283)
- Fruits et dérivés sucrés
- Boissons

Ne vous laissez pas mourir de faim en fin de journée

Troisième repas de la journée, relaxant, défatigant et généralement point d'orgue des fins d'après-midi actives, le goûter de la phase 1 est essentiellement destiné à calmer le retour de l'appétit causé par les dépenses d'énergie de vos organes dans la journée, qu'il s'agisse tout simplement de votre digestion, de votre respiration, de vos mouvements, et/ou de votre activité intellectuelle.

Ce goûter est donc **incontournable** et doit être pris exactement au moment où vous commencez à en éprouver le besoin. Car le retour de l'appétit est le signal d'alerte indispensable auquel vous devrez obéir sans tarder quelle que soit l'heure à laquelle cet appétit surviendra, donc éventuellement relativement tôt dans l'après-midi.

Quelle est la composition idéale du goûter ?

Pour que le goûter soit efficace pour calmer votre appétit on va y associer :

– 1 barre de Chrono-protéines (ou 1 sachet si on a vraiment très faim) ;

– les fruits et leurs dérivés sucrés.

La quantité est la même pour tous, quelle que soit votre taille.

■ *Chrono-protéines*

Les Chrono-protéines ont été spécialement conçues pour suivre ce réglage alimentaire. Elles sont rapidement assimilables, à forte teneur en tryptophane, acide aminé essentiel, précurseur de la sérotonine, régulateur de la satiété, de l'humeur et du sommeil. Leur rôle est donc d'assurer une sensation de satiété rapide et très efficace pendant plusieurs heures.

Voir p. 283 où les trouver.

– 1 barre de Chrono-protéines suffira dans la plupart des cas à calmer votre appétit de façon satisfaisante.

Cependant, je vous conseille en cas d'appétit très important de prendre plutôt 1 sachet de Chrono-protéines, encore plus nourrissant que les barres. Il en existe de différentes saveurs (voir p. 283) à diluer dans de l'eau.

Fruits et dérivés sucrés

• 12,5 cl de compote
– ou 12,5 cl de salade de fruits ;
– ou 10 cl de fruits secs : dattes, figues, pruneaux, raisins, abricots... et tous les fruits tropicaux qu'on voudra (mais PAS d'amandes, noisettes, noix... qui sont des « gras végétaux ») ;
– ou 12,5 cl de fruits frais en morceaux ;
– ou 20 cl de jus de fruit frais.

On ne prendra le goûter qu'à partir du retour de l'appétit. Vous pourrez donc le prendre aussi tard que votre appétit vous le commandera, donc ne pas dîner si vous prenez votre goûter moins d'une heure avant d'aller dormir.

Mais ne vous faites pas d'illusions, vous aurez sans aucun doute faim au moment du dîner !

Boissons

Pas de vin, pas de boissons sucrées. Mais vous pouvez prendre de l'eau plate ou gazeuse, du thé, des tisanes ou du café, sans lait ni sucre ni miel ni édulcorant.

LE DÎNER

• Poisson
• Légumes cuits
• Boissons

Le dîner est un repas complémentaire

Le dîner est destiné à venir compléter des apports nutritionnels se révélant insuffisants en fin d'activité, il n'est donc **en aucun cas obligatoire** et vous le prendrez seulement en cas de retour de votre appétit. Il sera toujours plus riche en protéines animales qu'en végétaux, tout comme celui du midi est plus riche en protéines qu'en féculents, et son composant principal, parce que le plus utile, sera sans conteste le poisson ou les fruits de mer.

Poisson

Votre portion sera égale à votre taille (hauteur) en centimètres convertie en grammes (par exemple, une personne de 1,70 m pourra prendre 170 g de poisson, pesé cru).

Poisson

Votre taille en centimètres	Quantité
150 cm ou moins	150 g, pesé cru
160 cm	160 g, pesé cru
170 cm	170 g, pesé cru
180 cm	180 g, pesé cru
190 cm et plus	190 g, pesé cru

– ou fruits de mer

Fruits de mer	
Votre taille en centimètres	**Quantité**
150 cm ou moins	15 cl
160 cm	20 cl
170 cm	25 cl
180 cm	30 cl
190 cm et plus	35 cl

– ou viande blanche

Votre portion sera égale à votre taille (hauteur) en centimètres, convertie en grammes, moins 60 g (par exemple, une personne de 1,70 m pourra prendre 110 g de viande blanche, pesée crue).

Viande blanche	
Votre taille en centimètres	**Quantité**
150 cm ou moins	90 g, pesée crue
160 cm	100 g, pesée crue
170 cm	110 g, pesée crue
180 cm	120 g, pesée crue
190 cm et plus	130 g, pesée crue

Le soir, on préférera des protéines à chaîne plus courte, mieux digérées. C'est le cas des protéines de poisson. À ce moment-là, les acides aminés libérés servent à la reconstitution des cellules.

Ceci vous explique pourquoi je vous conseille de manger toutes les viandes que vous voudrez à midi et non le soir, sauf si vraiment vous ne supportez pas le poisson.

Légumes cuits

Suivant votre taille :

Légumes cuits

Votre taille en centimètres	**Quantité**
150 cm ou moins	1 cuil. à soupe
160 cm	2 cuil. à soupe
170 cm	3 cuil. à soupe
180 cm	4 cuil. à soupe
190 cm et plus	5 cuil. à soupe

– ou salade verte

Salade verte

Votre taille en centimètres	**Quantité**
150 (ou moins) à 160 cm	1 assiette à dessert
160-180 cm	1 assiette plate
à partir de 180 cm	1 assiette creuse

Boissons

Pas de vin, pas de boissons sucrées. Mais vous pouvez prendre de l'eau plate ou gazeuse, du thé, des tisanes ou du café, sans lait ni sucre ni miel ni édulcorant.

LES CAS PARTICULIERS

■ *Vous pratiquez habituellement une activité physique intense et/ou soutenue*

Celle-ci nécessite un apport d'énergie complémentaire. Ce complément sera sans conteste fourni par 1 barre de Chrono-protéines ou 1 sachet de Chrono-protéines à goût sucré ou 1 banane, seul fruit offrant une des meilleures combinaisons énergie / volume / assimilation.

Il sera bien entendu nécessaire, d'une part, de respecter un moment très précis pour la prise utile de ces aliments très nourrissants, et, d'autre part, d'en manger la quantité nécessaire et suffisante requise pour soutenir votre effort.

Quel que soit l'aliment que vous choisirez, la quantité de celui-ci devra toujours être la même à chaque prise.

Pour un maximum d'efficacité énergisante et un risque nul de stockage, il vous suffira de respecter le protocole suivant :

Vous prendrez :

– au petit déjeuner, au déjeuner et au goûter (ou au dîner) : 1 gélule d'extrait de griffonia (voir p. 283) ;

– au moins 2 heures après un repas, avant 1 heure d'effort soutenu ou avant 1/2 heure d'effort violent : 1 sachet de Chrono-protéines ou 1 barre de Chrono-protéines et 1 banane fraîche (ou 2 bananes séchées).

N.B. : Il vous faudra, en même temps, boire suffisamment de liquide pour éviter de vous déshydrater, ce qui vous ferait courir le risque de vous sentir très vite fatigué et surtout d'être victime de crampes. La meilleure des boissons, pendant l'effort, étant le thé léger, sans sucre.

Vos journées de travail sont « hors normes »

Vous faites partie des gens très occupés, des personnes assujetties à des horaires d'activité variables, ou vous êtes tout simplement un ou une couche-tard.

• *1er cas : journée longue*

Votre journée s'étire sans interruption d'un lever précoce à une soirée interminable. Vous êtes donc assujetti au régime de la **journée longue.**

Celle-ci peut être facilement compatible avec cette phase 1, en suivant les proportions définies par votre paramétrage, mais en y ajoutant un élément nutritionnel et en y apportant une petite modification chronologique à partir du goûter.

– Le petit déjeuner : dans l'heure qui suit le lever.

– Le déjeuner : 4 à 5 heures plus tard.

– Au retour de l'appétit, 1 barre de Chrono-protéines, ou 1 sachet de Chrono-protéines dilué dans un verre d'eau. (voir p. 283).

– En début de soirée : 12,5 cl de gras végétal (noix, noisettes, amandes, noix de pécan, noix de cajou, etc.) et 1 grand verre d'eau.

– 2 ou 3 heures après : un dîner de poisson ou de fruits de mer ou encore de viande blanche, sans légumes.

– 1 heure avant le coucher : la part de fruits de votre goûter de la semaine, sans oublier de boire un bon litre d'eau ou tisane ou infusion, dans la soirée, afin d'éviter une déshydratation qui serait responsable d'une constipation persistante.

• *2e cas : horaires de travail variables*

Vous avez des **horaires de travail variables** et votre problème est de régulariser le rythme de vos repas, que vous suiviez ou non notre phase 1.

Des horaires de travail variables consistent en général en une répartition par tranches de huit heures, découpées pour les besoins de l'industrie et totalement « déconnectées » du rythme de vie naturel. On parle alors de « 2 × 8 » ou de « 3 × 8 ».

Si vous vivez au rythme des 2 × 8

Vous travaillez en deux périodes décalées dans la journée :

• soit très tôt le matin jusqu'en début d'après-midi :

Dans ce cas vous êtes obligés de vous lever avant 6 heures du matin, alors que votre organisme n'est pas encore prêt à métaboliser correctement les protéines lourdes et les gras saturés (fromage et huile d'olive).

Rien n'est perdu. Vous allez prendre tout simplement :

1 barre de Chrono-protéines, ou 1 sachet de Chrono-protéines (voir p. 283).

• soit du début de l'après-midi jusqu'à tard le soir :

Si vous pouvez prendre votre petit déjeuner le matin, au moins 4 heures avant le déjeuner, tout va bien, ne changez rien.

Si vous disposez de moins de 4 heures entre l'heure du lever et le repas de midi

Il va vous falloir regrouper le premier et le deuxième repas en faisant une petite modification dans les quantités, et en veillant à manger dans l'ordre :

D'abord le fromage

Votre taille en centimètres, convertie en grammes, moins 100 g (par exemple, une personne de 1,70 m pourra prendre 70 g de fromage).

soit .... g

Ensuite la viande
Votre taille en centimètres, convertie en grammes.
soit .... g
En dernier les féculents
Votre part calculée pour le repas du midi (voir p. 43)
soit .... g

Si vous suivez le rythme des 3 × 8

Vous travaillez en deux périodes de jour et une de nuit, ce qui va simplement vous faire ajouter pour la nuit le même programme que celui des noctambules (voir le cas suivant).

• *3e cas : vous vivez la nuit*

Vous vous levez en milieu de journée et vous vous couchez à l'aube.

Vous avez donc choisi (ou vous êtes obligé) de vivre en décalage et votre journée s'en trouve décalée.

Cette situation n'entraîne aucun changement si ce n'est le décalage de tous les repas, ce que font depuis des siècles les Espagnols, démarrant leur journée au plus tôt vers dix heures du matin et la terminant largement après minuit.

Dans le cas le plus extrême, un noctambule se levant par exemple à midi et se couchant à 4 heures du matin prendra :

– son petit déjeuner à l'heure où tout le monde déjeune (autour de midi) ;
– puis son déjeuner à l'heure où la plupart des gens dînent ;
– son goûter à l'heure où l'on se couche, en général ;
– et enfin son dîner quand les autres dorment !

Le problème dans ce cas de figure est le retentissement possible sur l'organisme d'un mode de vie où tout l'équilibre hormonal se trouve bousculé. Mais, fort heureusement, le corps possède de formidables régulateurs lui permettant en quelques jours de s'adapter à cette modification profonde de son rythme biologique.

La seule différence entre les diurnes et les noctambules étant, pour ces derniers, un visage au teint blafard d'aspect fort peu engageant après quelques mois de vie nocturne. Cet aspect lunaire est dû au manque de lumière solaire et pourra se corriger par des séances d'UV, moins destinées à redonner des couleurs qu'à permettre la métabolisation de la vitamine D qui ne peut se faire correctement sans un apport de lumière solaire suffisant. Une séance de 10 minutes toutes les semaines favorisant en général une assimilation correcte de la vitamine D. Cette durée est suffisamment courte pour ne pas risquer de problème de peau.

Vous souffrez de troubles métaboliques

Qu'ils soient fonctionnels ou organiques, ces troubles sont sérieux et nécessitent toute votre attention pour les maîtriser parfaitement, que ce soit pendant la phase 1 de ce régime ou en dehors de celle-ci.

En cas d'hypercholestérolémie

Celle-ci ne pose de problème que si elle est génétique, obligeant les candidats à la phase 1 à des précautions particulières, qu'on prendra à l'heure du déjeuner, au goûter et au dîner.

Vous trouverez d'ailleurs dans le livre *Vaincre le cholestérol grâce à la Chrono-nutrition* toutes les précisions souhaitables à ce sujet.

Au petit déjeuner

– pas de restriction sur le fromage ;

– ni sur le pain ;

– et encore moins sur l'huile d'olive ;

– 1 boisson non sucrée ;

– 2 gélules de Chrono-Vita+ ou de Chrono-vitamines (voir p. 283).

Au déjeuner

– pas d'œufs ni de sauces à l'œuf ;

– pas de charcuterie ;

– pas d'abats, sauf 1 fois par semaine (du foie de volaille ou du foie gras de canard) ;

– des féculents ;

– 1 boisson non sucrée.

Au goûter

– 1 barre de Chrono-protéines ou 1 sachet de Chrono-protéines (voir p. 283).

– pas de fruits ;

Idéalement :

– 1 avocat vinaigrette à l'huile de colza et au vinaigre balsamique, tenant lieu de gras et de sucre ;

– 1 boisson non sucrée.

Au dîner

– pas de viande blanche, donc uniquement poisson et fruits de mer ;

– des légumes verts ;

– 1 boisson non sucrée.

Vous avez donc la possibilité, moyennant le respect de ces restrictions, de suivre comme tout un chacun la phase

1. Il vous suffira de choisir, parmi l'ensemble des aliments proposés chaque semaine, ceux auxquels vous avez droit, à chaque moment propice bien entendu.

En cas de diabète

Il y a deux sortes de diabète : le diabète insulino-dépendant et le diabète non insulino-dépendant.

• Le **diabète insulino-dépendant**, parfois appelé « diabète maigre », est un diabète organique, car il est dû à une insuffisance de fonctionnement du pancréas.

Les connaissances actuelles en endocrinologie ne permettent pas de le faire disparaître mais seulement de l'équilibrer, avec souvent beaucoup de difficultés. **Il n'est donc pas question de proposer la phase 1 *Démarrage express* de notre régime aux personnes qui en souffrent.**

• En revanche, le **diabète non insulino-dépendant**, ou « diabète de surcharge », est un diabète fonctionnel qui résulte de troubles du comportement alimentaire. **Il peut bénéficier sans aucun risque de la phase 1** et peut même disparaître en même temps que le surpoids, pour protéger les gens qui en souffrent. En effet, s'il est négligé car apparemment moins grave, il risque d'évoluer à bas bruit et finir par devenir redoutablement dangereux, notamment pour la vue, pouvant en effet provoquer des cécités définitives si on ne le maîtrise pas à temps.

DERNIERS CONSEILS POUR UNE RÉUSSITE PARFAITE

Vous aurez soigneusement noté chacune des quantités des différents aliments composant votre programme alimentaire.

Il ne vous reste plus qu'à les reporter sur chacune des pages où sont répertoriés les 112 repas que comportent vos quatre semaines de Phase 1.

■ *Respectez le bon moment*

– Le petit déjeuner se prend dans l'heure du lever, celle-ci ne devant pas dépasser 8 heures du matin, sauf décalage habituel de la journée comme le font par exemple les Espagnols.

– Si vous êtes debout avant 6 heures du matin, il est trop tôt pour prendre votre petit déjeuner. N'oubliez pas que, dans ce cas, vous entrez dans la catégorie des lève-tôt (voir p. 52).

– Vous devez impérativement respecter l'intervalle de temps entre les trois premiers repas.

Le plus important est bien entendu de ne pas réduire cet intervalle à moins de 4 heures, mais l'allonger jusqu'à plus de 6 heures n'est pas souhaitable non plus, pour la bonne assimilation de vos aliments.

– Ne modifiez surtout pas l'ordre de vos repas, sauf une particularité dans votre cycle de vie quotidien.

– Mangez toujours en premier à chaque repas l'aliment le plus nourrissant. Au petit déjeuner : le fromage. Au déjeuner : la viande. Au goûter, la barre de Chrono-protéines ou le sachet de Chrono-protéines. Au dîner : le poisson (ou la viande blanche en semaine 3).

Complétez ensuite avec le pain et l'huile d'olive au petit déjeuner, les féculents au déjeuner, les fruits au goûter, les légumes au dîner.

Respectez vos besoins réels

– Ne trichez pas sur les quantités indiquées.

– Ne sautez pas le dîner, celui-ci est un facteur équilibrant de votre alimentation. En revanche, vous pouvez le réduire à sa plus simple expression à condition que ce soit d'abord en diminuant les légumes.

– À l'inverse, n'augmentez surtout pas la part des végétaux au détriment de la part de viande en croyant que vous obtiendrez ainsi un résultat encore plus rapide. Vous seriez très vite terriblement fatigué et sans doute de mauvaise humeur, sans pour autant atteindre le but souhaité.

En effet, le problème des fibres alimentaires est qu'elles s'accompagnent de beaucoup d'autres éléments peu nourrissants, mais très prompts à se stocker sous la peau en capitons disgracieux. Ceux-ci venant occuper principalement les hanches et les cuisses, puis gagnant les bras et le dos.

Pour vous aider à ne pas céder à cette tentation d'amaigrissement par une réduction ou une exagération quantitative, répétez-vous l'aphorisme suivant :

Si vous mangez des kilos de plume,
vous aurez une silhouette en édredon.

Et j'ai souhaité que cet aphorisme soit écrit en caractères gras… cela va de soi.

Changez de plats tous les jours

Cela présentera évidemment l'avantage de ne pas vous lasser rapidement, mais surtout celui de contribuer à la qualité de votre alimentation, meilleure pour l'organisme lorsqu'elle est variée.

N'hésitez pas à agrémenter vos plats en choisissant à votre gré leurs modes de cuisson et en les accompagnant d'une sauce.

Variez les modes de cuisson. Selon leur nature et vos goûts, vos aliments pourront donc être grillés, bouillis, rôtis, sautés, poêlés, braisés, cuits à la vapeur ou en papillotes.

N'oubliez pas les sauces. Préparées à la maison ou achetées toutes faites dans le commerce, certaines pouvant accompagner viande ou poisson. La liste ci-dessous étant, bien entendu, loin d'être exhaustive.

Sauces

Pour les viandes :	**Pour les poissons :**
– bourguignonne,	– béarnaise,
– bordelaise,	– vinaigrette,
– béarnaise,	– au cumin,
– au poivre,	– à l'échalote,
– à l'estragon,	– à la moutarde,
– à la diable,	– au curry,
– aigre-douce,	– au vinaigre,
– au cari,	– au cresson,
– à la bigarade,	– aigre-douce,
– à l'échalote,	– à la ciboulette...
– à la ciboulette...	

Sans oublier les centaines d'idées à puiser dans les livres de recettes de mon épouse Guylène Delabos.

Grâce au programme qui va suivre, vous allez pouvoir vous lancer avec détermination.

L'objectif de cette première étape est de perdre jusqu'à 8 kg, voire même un peu plus si vous suivez très exactement le programme que je vous propose.

À condition bien sûr d'avoir noté auparavant, sur les quatre pages intitulées « Votre journée type personnelle », les quantités qui vous sont propres pour chacune des quatre semaines et que vous avez précédemment calculées.

À condition également d'aller choisir soigneusement dans la liste de chaque semaine les plats qui vous y sont proposés et d'organiser vos menus journaliers.

■ *Et le repas joker ?*

Dans la méthode de base de la Chrono-nutrition, décrite dans *Mincir sur mesure grâce à la Chrono-nutrition,* vous pouvez vous accorder 2 repas « joker » par semaine, au cours desquels tout est permis, y compris le vin. Vous retrouverez ces 2 repas « joker » en phase 3 *Équilibre*.

Dans cette phase 1 *Démarrage express*, vous avez droit à **1 repas joker par semaine**.

Vous pouvez inclure ce repas de fête chaque semaine, au jour que vous choisirez.

Sachez cependant que cet entracte (un par semaine, donc quatre repas « joker » durant la phase 1) peut diminuer de 2 kilos votre performance en terme de perte de poids mensuelle… **Sauf si, chaque soir qui suit le repas joker,** vous avez le courage de remplacer le goûter et le dîner par 1 litre de boisson non sucrée que vous boirez dans les 3 heures précédant le coucher. En pratique, avec toutes les recommandations et si l'on tient compte des besoins qui changent d'un jour à l'autre, il faudrait un programme calculé par ordinateur pour définir une alimentation rationnelle pour chaque individu... sans pour autant supprimer les risques d'erreur. Il vaut mieux sans aucun doute proposer une alimentation raisonnable reposant sur quelques principes simples et tenant compte de nos obligations.

■ *Quelques recommandations*

Par ailleurs, la société actuelle nous soumettant souvent à des horaires de travail ne respectant pas le rythme de vie naturel, il faudra bien adapter notre alimentation à ces impératifs contre nature. En gardant en tête les vérités et les principes suivants :

• **Ne pas tomber dans la monotonie** et éviter de manger toujours le même type de repas, source à la fois de carences et de dégoût. Même si dans cette phase 1 nous vous incitons à vous concentrer sur un même ingrédient, il s'agit de vous faire découvrir la variété des préparations possibles que vous pourrez utiliser ensuite pour créer vos menus.

• **Bien savoir que, si l'on diversifie les repas,** les carences en oligoéléments et en vitamines n'existent pas en France pour une ration calorique normale.

La phase 1 *Démarrage express* de ce régime nécessitant cependant l'ajout des compléments alimentaires cités plus haut.

• **S'efforcer de prendre ses repas seulement au moment où l'on aura faim**, de préférence dans un environnement convivial, et toujours en adapter le rythme à son rythme de vie, en veillant à respecter leur déroulement chronologique.

• **Ne pas oublier d'avoir une activité physique quotidienne,** et pas seulement le week-end et pendant les vacances. Un peu d'activité tous les jours permet un fonctionnement régulier du corps, trop d'un seul coup ne fait que le fatiguer inutilement.

Les normes classiques de diététique préconisent trois repas par jour en moyenne qui devraient représenter 25, 45 et 30 % de la ration calorique quotidienne. Ces recommandations ont été modifiées dans leurs proportions dans les années 1990 pour être adaptées à la vie moderne. Pour éviter un repas du soir trop copieux, il est en effet souhaitable de le partager en une collation au retour de l'appétit (en général vers 17 h), suivie plus tard d'un dîner léger.

Pour être clair, si vous voulez mincir vite, moins vous mangerez le soir, mieux cela vaudra.

Un dernier conseil avant de faire votre choix :

Prenez le temps de lire la veille la composition de chacun des repas inscrits sur votre programme du lendemain. Et n'oubliez pas de faire les courses en temps utile afin de ne jamais être pris au dépourvu au cours de la semaine.

« Gouverner c'est prévoir », a dit Émile de Girardin (1806-1881), inventeur de la petite annonce. Au risque de passer pour un vil copieur, je vous le dis tout net :

« Bien gérer sa minceur, c'est prévoir aussi ! »

Faites le point sur votre poids et votre silhouette

En comparant votre poids et vos mensurations avant et après cette phase 1, vous pourrez évaluer très précisément les modifications de votre silhouette et apprécier ainsi les progrès accomplis.

Pour cela, il vous suffira de prendre votre poids et vos mensurations en vous conformant aux indications suivantes.

Cette comparaison vous permettra entre autres d'en savoir plus sur la signification des résultats et la manière de mesurer et de gérer votre silhouette.

Votre poids

Pesez-vous :
– le matin, au lever ;
– en tenue d'Ève… ou d'Adam ;
– après être passé aux toilettes ;
– avant de prendre votre petit déjeuner.

Notez votre **poids** avant la phase 1
Démarrage express : .... kg

Votre silhouette

À l'aide d'un mètre de couturière, mesurez :

– votre **tour de poitrine** avant la phase 1
Démarrage express : .... cm

– votre **tour de taille** avant la phase 1
Démarrage express : .... cm

– votre **tour de hanches** avant la phase 1
Démarrage express : .... cm

Tous les aliments autorisés

SEMAINE 1

PETIT DÉJEUNER

Le fromage

C'est la semaine des **fromages crus, à pâte fleurie.**

……. g (consultez les quantités recommandées selon votre taille, p. 37).

Vous pouvez choisir un fromage pour chaque matin ou un seul pour la semaine :

- brie de Meaux, au goût de noisette ;
- brillat-savarin, doux et onctueux ;
- camembert, à saveur fruitée ;
- coulommiers, moelleux et tendre ;
- pérail de brebis, à saveur douce et veloutée ;
- saint-félicien, de vache ou de chèvre, ultracrémeux ;
- saint-marcellin, mi-brebis, mi-vache.

Le pain

……. g (consultez les quantités recommandées selon votre taille, p. 38).

Pour accompagner des fromages à la saveur particulièrement affirmée, choisissez plutôt du **pain de campagne**. Mais attention, il va falloir dans ce cas déguster votre huile à la cuillère, ou la remplacer sur le pain par 10 g de beurre frais, car l'huile passerait au travers des trous de ce pain très aéré.

L'huile d'olive

.... cuil. à café d'huile d'olive (consultez les quantités recommandées selon votre taille, p. 39).

Pour varier les plaisirs, vous pouvez choisir :
• de l'huile d'olive naturelle, pour accompagner le fromage de vache ;
• de l'huile d'olive aromatisée, pour accompagner le fromage de chèvre ;
• de l'huile d'olive pimentée, pour accompagner le fromage de brebis.

Les boissons

Café, thé, tisane, eau plate, eau pétillante, à volonté mais sans lait ni sucre ni miel ni édulcorant.

Le complément alimentaire

2 gélules de Chrono-Vita+ ou Chrono-vitamines (voir p. 283).

DÉJEUNER

La viande

Cette semaine, les **viandes blanches** sont à l'honneur.

Toutes les viandes blanches sauf le porc : veau, lapin, volailles. À toutes les sauces, à condition de ne pas consommer plus de 2 cuil. à soupe de sauce.

.... g (consultez les quantités recommandées selon votre taille, p. 43).

Suggestions de la semaine :

À consommer à la maison ou à emporter au bureau (si vous avez accès à un four à micro-ondes)
- Cuisses de poulet au vinaire balsamique, recette p. 75
- Cuisses de poulet à la moutarde, recette p. 76
- Cuisses de poulet aux épices, recette p. 77
- Lapin au pain d'épices, recette p. 78
- Escalopes de dinde à l'orange et au cumin, recette p. 79
- Épaule de veau au citron, recette p. 80
- Escalopines de veau en papillotes farcies à la provençale, recette p. 82

À emporter au bureau (à consommer froid)
- Salade composée : dés de poulet, quinoa aux épices.
- Salade composée : lamelles de veau, quinoa au parfum d'orange.

Au restaurant ou à la cantine
- Vous pouvez choisir parmi toutes les recettes de volailles (poule, poulet, poularde, coq, coquelet, chapon, dinde, dindonneau, oie, pigeon, pintade…), de veau ou de lapin. Mais attention de ne consommer que la quantité recommandée pour votre taille. Et accompagnez votre plat du féculent recommandé pour cette première semaine : le quinoa (variété *quinoa real*, si possible).

Les féculents

Cette semaine, le **quinoa** est en vedette.

………. cuil. à soupe (consultez les quantités recommandées selon votre taille, p. 44).

La boisson

3 grands verres d'eau ; en plus, vous pouvez boire 1 café, 1 thé ou 1 tisane, mais sans lait ni sucre ni miel ni édulcorant.

GOÛTER

Les quantités du goûter sont valables pour tous, quelle que soit la taille.

Les protéines

1 barre de Chrono-protéines **ou 1 sachet de Chrono-protéines**

Les fruits et dérivés sucrés

C'est la semaine des **jus de fruits** de toutes sortes.

L'idéal sera bien entendu de les presser soi-même, mais on peut trouver d'excellents produits dans le commerce, à condition de veiller à n'acheter que des jus de fruits garantis « 100 % pur jus pressé ».

1 grand verre de 20 cl

Suggestions de la semaine :
- jus de poire ;
- jus de pomme ;
- jus d'ananas ;
- jus de raisin ;
- jus d'orange ;
- jus de pamplemousse ;
- ou tous les cocktails de jus de fruits que vous voulez.

DÎNER

Le poisson

C'est la semaine des **poissons gras** riches en oméga 3.

Vous avez une semaine pour connaître ces poissons : saumon, sardine, maquereau, hareng, thon, espadon, lotte… À toutes les sauces, à condition de ne pas consommer plus de 2 cuil. à soupe de sauce.

.... g (consultez les quantités recommandées selon votre taille, p. 48).

Suggestions de la semaine :
Lotte au curry, recette p. 83
Lotte à la crème safranée, recette p. 86
Harengs marinés au vin blanc, recette p. 84
Thon au curry et fondue d'endives à l'orange, recette p. 88
Pavé de thon à la marocaine, recette p. 87

Les légumes verts

C'est la semaine des légumes verts **à feuilles**.

.... cuil. à soupe (consultez les quantités recommandées selon votre taille, p. 50).

Suggestions de la semaine :
- chou vert ;
- chou rouge ;
- brocolis ;
- endives ;
- salade verte.

Les boissons

3 grands verres d'eau ; en plus, vous pouvez boire 1 café, 1 thé ou 1 tisane, mais sans lait ni sucre ni miel ni édulcorant.

Les tisanes	
Pour changer du thé et du café, dont l'effet tonifiant est bien connu, mais qui peuvent aussi provoquer des chutes de glycémie si on les prend loin des repas, essayez les tisanes dont certaines sont d'excellents aide-minceur.	
MINCE	Bardane - Guarana - Persil - Sureau noir
ANTI-CELLULITE	Chardon-marie - Fenouil - Frêne - Fucus - Guarana - Lierre - Orthosiphon - Piloselle - Queue de cerise - Reine-des-près
ANTI-RÉTENTION D'EAU - DRAINANTE	Artichaut - Fenouil - Frêne - Piloselle - Tilleul
DIGESTIVE	Anis vert - Badiane - Basilic - Fenouil - Marjolaine - Mélisse - Menthe poivrée - Romarin - Thym - Verveine
VENTRE PLAT	Artichaut - Fenouil - Mélisse - Menthe pouliot - Réglisse - Romarin
JAMBES LÉGÈRES	Cyprès - Hamamélis - Millefeuille - Piloselle - Vigne rouge
RELAXANTE - APAISANTE	Citronnelle - Fleur d'oranger - Marjolaine - Passiflore - Romarin - Tilleul - Valériane - Verveine

À vous de jouer !

Pages 72 à 74, vous trouverez votre « journée type personnelle », suivie d'un modèle vous permettant de préparer vos menus au jour le jour.

1 – Phase Démarrage express

Votre journée type personnelle

Inscrivez vos quantités, selon votre taille (hauteur en centimètres)

SEMAINE 1

Le petit déjeuner

Consultez les quantités recommandées pour votre taille (hauteur en centimètres) p. 37 à 39.

• ...... g de fromage au lait cru, à pâte fleurie : brie de Meaux, brillat-savarin, camembert, coulommiers, saint-félicien... ;
• ...... g de pain frais : le pain de campagne s'accorde bien avec ces fromages ;
• ..... cuil. à café d'huile d'olive ;
• boisson à volonté : thé, café, infusion, tisane, eau plate ou pétillante... sans lait ni sucre ni miel ni édulcorant ;
• 2 gélules de Chrono-Vita+ ou de Chrono-vitamines (voir p. 283).

Le déjeuner

Consultez les quantités recommandées pour votre taille (hauteur en centimètres) p. 43 à 44.

• ...... g de viande blanche (sauf le porc) : veau, lapin, volailles ;
• ...... cuil. à soupe de quinoa cuit.

Le goûter

Au retour de l'appétit, donc aussi tôt ou aussi tard qu'on voudra, c'est le même pour tout le monde !

• 1 barre de Chrono-protéines ou 1 sachet de Chrono-protéines (voir p. 46) ;
• des fruits et dérivés sucrés :
– 20 cl de jus de fruit naturel, garanti « 100 % pur jus pressé » : jus

de poire, jus de pomme, jus de raisin, jus d'ananas, jus d'orange, jus de pamplemousse, cocktail de fruits...

Le dîner

Consultez les quantités recommandées pour votre taille (hauteur en centimètres) p. 48 à 50.

• ...... g de poisson gras : saumon, sardine, lotte, maquereau, hareng, thon, espadon... ;

• ...... cuil. à soupe de légumes verts à feuilles : chou vert, chou rouge, choucroute au genièvre, brocoli, endive, salade verte, épinards... toujours cuits en hiver, cuits ou crus en été, et qui peuvent être dans les deux cas en vinaigrette.

Les boissons

À volonté : eau plate ou pétillante, thé, café, tisane sans lait, ni sucre, ni miel, ni édulcorant.

Aucune autre boisson, pas plus alcoolisée qu'artificielle.

Donc pas de vin, à l'exception bien sûr du repas joker.

1 repas joker par semaine (voir p. 61)

Pensez aussi que vous avez droit à un repas joker dans la semaine et que vous pourrez à ce moment-là laisser libre cours à vos envies...

Tout est permis y compris entrée, dessert, apéritif et vin à table. Mais attention, si vous exagérez les quantités et/ou que vous additionnez trop de plats différents, cela ralentira votre perte de poids.

VOTRE SEMAINE 1 au jour le jour

....

(Photocopiez cette page et inscrivez le jour de la semaine)

PETIT DÉJEUNER

- **Fromage :** ...... g de ....
- **Pain :** ...... g de pain
- **Huile d'olive :** ...... cuil. à café d'huile d'olive
- **Boisson :** ....
- **Complément alimentaire :** 2 gélules de Chrono-Vita+ ou Chrono-vitamines (voir p. 283).

DÉJEUNER

- **Viande :** ...... g de (veau, lapin, volailles) ....
- **Féculents :** ...... cuil. à soupe de quinoa ....
- **Boisson :** 3 grands verres d'eau

Éventuelle boisson supplémentaire ....

GOÛTER

- **Protéines :** 1 barre ou 1 sachet de Chrono-protéines (voir p. 283)
- **Fruits :** 20 cl de jus « 100 % pur jus pressé »..................................
- **Boisson** ....

DÎNER

- **Poisson gras :** ...... g de ....
- **Légumes verts (à feuilles) :** ...... cuil. à soupe de ....
- **Boisson :** 3 grands verres d'eau

Éventuelle boisson supplémentaire ....

Cuisses de poulet au vinaigre balsamique

Pour 2 personnes

Préparation : 10 min
Cuisson : 40 min

INGRÉDIENTS

3 cuisses de poulet*
1 carotte
1 oignon moyen
1 gousse d'ail
2 cuil. à soupe de vinaigre balsamique
1 cuil. à soupe d'huile d'olive
2 cuil. à soupe de vin blanc sec
Sel, poivre du moulin

• Éplucher l'oignon et la carotte, les couper en rondelles.
• Éplucher la gousse d'ail, la débarrasser de son germe et la presser.
• Préchauffer le four à 225 °C (th. 7-8).
• Tapisser le fond d'un plat allant au four des rondelles d'oignon et de carotte. Poser les cuisses de poulet par-dessus, côté peau vers le fond. Saler, poivrer et parsemer d'ail pressé. Arroser de 1 cuil. à soupe d'huile d'olive et enfourner.
• Au bout de 15 min, arroser de 1 cuil. à soupe de vinaigre balsamique, cuire encore 15 min puis retourner les cuisses, les arroser du reste du vinaigre.
• En fin de cuisson, répartir le poulet sur 2 assiettes chaudes, couvrir de papier aluminium et maintenir au chaud à l'entrée du four éteint.
• Déglacer le plat de cuisson avec le vin blanc et réduire à feu vif 3 à 4 min, ce qui permettra d'éliminer l'alcool.
• Servir le poulet accompagné de la sauce en saucière.

Accompagnement*
3 cuil. à soupe de quinoa au bouillon de volaille, par personne.

** Les quantités sont calculées pour une personne mesurant 1,70 m ayant un métier actif. Pour les adapter à votre cas, voir p. 74.*

Déjeuner

Déjeuner

Cuisses de poulet à la moutarde

Pour 2 personnes

Préparation : 10 min
Cuisson : 20 à 30 min

INGRÉDIENTS

4 belles cuisses de poulet*
2 cuil. à soupe de moutarde forte de Dijon
2 cuil. à café de marjolaine (origan)
Sel, poivre du moulin

• Saler, poivrer et saupoudrer de marjolaine les cuisses de poulet sur les deux faces.
• Dans une poêle bien chaude, les déposer, côté peau sur la poêle.
• Enduire l'autre face de moutarde, laisser cuire 10 min à feu vif puis retourner les cuisses et enduire la peau de moutarde.
• Baisser le feu et laisser cuire de 10 à 20 min suivant l'épaisseur des cuisses et la qualité du poulet.

Accompagnement*

3 cuil. à soupe de quinoa au parfum d'oignon frit, par personne.

** Les quantités sont calculées pour une personne mesurant 1,70 m ayant un métier actif. Pour les adapter à votre cas, voir p. 74.*

Cuisses de poulet aux épices

Pour 2 personnes

Préparation : 10 min
Cuisson : 30 min

INGRÉDIENTS

4 cuisses de poulet*
2 échalotes
2 oignons
2 gousses d'ail
3 brins de persil plat
1 brin de coriandre
20 cl de lait de coco
2 cuil. à soupe d'huile d'olive
1 cuil. à soupe de gingembre en poudre
1 cuil. à soupe de cumin en grains
1/2 cuil. à café de cannelle en poudre
1 cuil. à café de cardamome en poudre
1 cuil. à café de coriandre en poudre
2 clous de girofle
Sel, poivre du moulin

• Éplucher et émincer finement les oignons et les échalotes, éplucher et presser l'ail.
• Dans une sauteuse antiadhésive, faire chauffer l'huile d'olive à feu modéré. Quand l'huile est chaude, y faire revenir les oignons et les échalotes.
• Quand ils sont transparents ajouter l'ail pressé, les épices, du sel, du poivre et 10 cl d'eau. Couvrir et laisser cuire doucement pendant 10 min.
• Ajouter les cuisses de poulet, les brins de persil plat et de coriandre. Laisser mijoter encore 10 min.
• Ajouter le lait de coco et remuer pour bien mélanger.
• Servir sur des assiettes chaudes.

Accompagnement*
3 cuil. à soupe de quinoa aux épices, par personne.

** Les quantités sont calculées pour une personne mesurant 1,70 m ayant un métier actif. Pour les adapter à votre cas, voir p. 74.*

Déjeuner

Lapin au pain d'épices

Pour 2 personnes

Préparation : 10 min
Cuisson : 50 min

INGRÉDIENTS

340 g de râble de lapin* en morceaux
60 g de pain d'épices
1 oignon
1 échalote
1 gousse d'ail pelée
1 bouquet garni
1 cuil. à soupe de farine
25 cl de bière rousse
25 cl d'eau chaude
1 cuil. à soupe de fond de volaille
3 cuil. à soupe d'huile d'olive
Sel, poivre du moulin

- Émincer l'oignon, hacher l'échalote.
- Dans une cocotte, faire chauffer l'huile ; quand elle est chaude faire dorer les morceaux de râble, puis les enlever et les remplacer par l'oignon et l'échalote.
- Dès qu'ils deviennent transparents y rajouter les morceaux de râble, saupoudrer de farine, puis verser dessus la bière, l'eau chaude, 1 cuil. de fond de volaille et la gousse d'ail.
- Saler, poivrer et ajouter le bouquet garni, puis couvrir et faire mijoter 20 min.
- Pendant ce temps couper le pain d'épices en dés.
- Ajouter le pain d'épices en le recouvrant de sauce et laisser mijoter doucement à nouveau 20 min environ jusqu'à ce qu'il se fonde en une sauce onctueuse.

Accompagnement*

3 cuil. à soupe de quinoa au gingembre, par personne.

** Les quantités sont calculées pour une personne mesurant 1,70 m ayant un métier actif. Pour les adapter à votre cas, voir p. 74.*

Déjeuner

Escalopes de dinde à l'orange et au cumin

Pour 2 personnes

Préparation : 5 min
Cuisson : 10 min

INGRÉDIENTS

340 g de dinde*
1/2 orange (jus)
1/2 orange non traitée (zeste)
10 g de beurre
1 cuil. à soupe d'huile d'olive
1 cuil. à café de graines de cumin
Sel, poivre du moulin

• Dans une poêle antiadhésive faire chauffer l'huile d'olive et le beurre.
• Quand le mélange est bien chaud y déposer les escalopes, les saupoudrer avec la moitié du zeste râpé et la moitié du cumin.
• Saler et poivrer.
• Laisser cuire 5 min les escalopes puis les retourner et parsemer du reste du cumin et du zeste.
• Arroser avec le jus d'orange et laisser cuire 2 à 3 min suivant l'épaisseur des escalopes.

Accompagnement*

3 cuil. à soupe de quinoa aux lentilles vertes, par personne.

** Les quantités sont calculées pour une personne mesurant 1,70 m ayant un métier actif. Pour les adapter à votre cas, voir p. 74.*

Déjeuner

Épaule de veau au citron

Pour 2 personnes

Préparation : 30 min
Cuisson : 2 h

INGRÉDIENTS

500 g d'épaule de veau* en morceaux
1 carotte
2 petites tomates
2 citrons (jus) + 1/2 non traité (zeste)
3 oignons moyens
1 gousse d'ail
1 bouquet garni
1 clou de girofle
9 cl de vin blanc sec
4 cuil. à soupe d'huile d'olive
1 cuil. à soupe de farine
1 morceau de sucre
Sel, poivre du moulin

• Prélever la moitié du zeste du citron non traité et le hacher finement.
• Presser 2 citrons.
• Éplucher les oignons, les carottes, les tomates et les couper en rondelles.
• Éplucher l'ail, retirer les germes, le presser au presse-ail.
• Dans une sauteuse, faire chauffer 3 cuil. à soupe d'huile d'olive puis y faire dorer sur toutes leurs faces les morceaux de veau.
• Les placer au fur et à mesure dans une cocotte avec 2 cuil. à soupe d'huile d'olive, chauffer et saupoudrer de farine, remuer à feu vif pour faire blondir la farine.
• À ce moment, arroser de vin blanc et du jus des citrons, ajouter le zeste et suffisamment d'eau pour que le liquide affleure la viande.
• Ajouter le bouquet garni, l'ail pressé, les clous de girofle, saler et poivrer.
• Couvrir et baisser le feu pour faire mijoter doucement.
• Nettoyer la sauteuse, y verser 2 cuil. à soupe d'huile, chauffer et y faire rissoler les rondelles de carottes et d'oignons à feu moyen, puis les verser dans la cocotte où mijote le veau, ajouter les tomates et le sucre. Continuer la cuisson à feu très doux pendant 1 h 45.
• Peler à vif le demi-citron restant et le couper en tranches.
• Quand le veau est cuit, le mettre dans un plat de service et disposer le reste du contenu de la cocotte par-dessus. Décorer des tranches de citron.
• Servir aussitôt.

Accompagnement*

3 cuil. à soupe de quinoa au parfum d'orange, par personne.

** Les quantités sont calculées pour une personne mesurant 1,70 m ayant un métier actif. Pour les adapter à votre cas, voir p. 74.*

Déjeuner

Escalopines de veau en papillotes farcies à la provençale

Pour 2 personnes

Préparation : 15 min
Cuisson : 25 min

INGRÉDIENTS

340 g d'escalopes de veau*
18 olives noires
18 feuilles de basilic
2 branches d'estragon
2 filets d'huile d'olive
2 cuil. à soupe de vin blanc sec
Sel, poivre du moulin

- Faire tailler par le boucher 6 petites escalopes fines.
- Dénoyauter les olives, les hacher grossièrement.
- Ciseler les feuilles de basilic.
- Saler et poivrer les escalopes, les recouvrir de basilic et de hachis d'olives.
- Rouler les escalopes et les maintenir à l'aide d'une pique en bois.
- Découper deux rectangles de papier d'aluminium, déposer 3 escalopes par papillote, ajouter le vin blanc, l'huile d'olive et l'estragon.
- Fermer soigneusement et mettre au four à 180 °C (th. 6) pendant 25 min.

Accompagnement*

3 cuil. à soupe de quinoa au coulis de tomates, par personne.

** Les quantités sont calculées pour une personne mesurant 1,70 m ayant un métier actif. Pour les adapter à votre cas, voir p. 74.*

Lotte au curry

Pour 2 personnes

Préparation : 10 min
Cuisson : 25 min

INGRÉDIENTS

340 g de filets de lotte*
15 g de beurre
2 oignons émincés en tranches fines
1 gousse d'ail
1 cuil. à café de curry Madras
2 cuil. à soupe d'huile d'olive
1 cuil. à soupe de farine
1 verre à vin de vin blanc
Sel, poivre du moulin

- Rouler les filets de lotte dans la farine. Les secouer pour en ôter l'excédent.
- Faire revenir les filets de lotte dans une poêle avec 1 cuil. à soupe d'huile d'olive et le beurre jusqu'à ce que l'eau qu'ils rendent s'évapore.
- Poser les filets en attente dans une assiette, verser la seconde cuillérée. à soupe d'huile d'olive dans la poêle, y mettre l'oignon émincé à fondre.
- Dès que l'oignon est devenu transparent, poser dessus les filets de lotte, saler, poivrer, ajouter le vin blanc et la gousse d'ail écrasée, saupoudrer de curry, couvrir et laisser cuire 15 min à feu moyen.

Accompagnement*

1 assiette plate d'épinards en branche, par personne.

** Les quantités sont calculées pour une personne mesurant 1,70 m ayant un métier actif. Pour les adapter à votre cas, voir p. 74.*

Dîner

Dîner

Harengs marinés au vin blanc

Pour une bonne terrine

Préparation : 15 min
Cuisson : 20 min
Marinade : 3 jours

INGRÉDIENTS

20 harengs de taille moyenne, rogués ou laités
3 carottes
2 citrons
6 oignons moyens
5 gousses d'ail
4 branches de thym
4 feuilles de laurier
4 feuilles de sauge
4 clous de girofle
4 petits piments secs
Quelques grains de piment de la Jamaïque
1 l de vin blanc sec
1/2 l de vinaigre de vin blanc ou d'alcool
Gros sel
Poivre en grain
Poivre du moulin

• Vider les poissons, couper les têtes, les laver et les essuyer.
• Éplucher les carottes et les oignons, les couper en rondelles ainsi que les citrons.
• Dans une terrine de 5 ou 6 l ou un plat profond allant sur le feu, faire un lit de 3 rondelles d'oignons, 2 rondelles de citron, quelques rondelles de carottes, 1 branche de thym, 1 feuille de laurier, 1 petit piment, 2 feuilles de sauge, quelques grains de poivre, quelques grains de piments, 1 gousse d'ail et 1 clou de girofle.
• Puis poser un lit de harengs bien serrés et saupoudrer de gros sel.
• Refaire un lit d'aromates, puis un lit de harengs jusqu'à la fin du stock, et terminer par un lit d'aromates.
• Dans une grande casserole, faire bouillir le vin, le vinaigre, 1 rondelle de citron, 1 gousse d'ail, 2 rondelles d'oignons, quelques rondelles de carottes et poivrer.
• Lorsque les rondelles de carottes sont cuites, la marinade est à point.
• La filtrer dans une grande passoire puis la verser encore bouillante sur les poissons.
• Mettre sur le feu et faire pocher sans bouillir en maintenant le liquide frémissant pendant 12 à 13 min.
• Laisser refroidir, couvrir et mettre au frais.
• On laissera les harengs mariner au moins 3 jours au froid avant de les servir très frais.

Accompagnement*

1 assiette plate d'endives tièdes en vinaigrette, par personne.

** Les quantités sont calculées pour une personne mesurant 1,70 m ayant un métier actif. Pour les adapter à votre cas, voir p. 74.*

Lotte à la crème safranée

Pour 2 personnes

Préparation : 10 min
Cuisson : 10 min

INGRÉDIENTS

340 g de filets de lotte*
2 grosses cuil. à soupe de crème fraîche
2 belles tomates
2 dosettes de safran en poudre
1 cuil. à soupe d'huile d'olive
Sel, poivre du moulin

• Éplucher les tomates, les couper en dés, les répartir sur 2 assiettes allant au micro-ondes, saler et poivrer.
• Dans une poêle antiadhésive, faire chauffer l'huile d'olive. Quand l'huile est bien chaude, mettre les filets de lotte à cuire à feu moyen. Saler, poivrer. Laisser cuire environ 5 min, puis les retourner et laisser cuire encore 3 min, ou plus si les filets sont épais.
• Pendant que le poisson cuit, faire chauffer la crème fraîche dans une petite casserole. Ajouter le safran, saler, poivrer et porter à ébullition. Dès l'ébullition retirer du feu, couvrir et laisser infuser.
• Chauffer l'une après l'autre chaque assiette de tomates au micro-ondes à puissance maximale pendant 50 s.
• Répartir les filets de lotte à part égale sur chaque assiette et napper de crème safranée. Servir aussitôt.

Accompagnement*
1 assiette plate de chou romanesco, par personne.

** Les quantités sont calculées pour une personne mesurant 1,70 m ayant un métier actif. Pour les adapter à votre cas, voir p. 74.*

Pavé de thon à la marocaine

Pour 2 personnes

Préparation : 5 min
Cuisson : 10 min

INGRÉDIENTS

2 pavés de thon* de 170 g chacun
1 citron confit
Quelques brins de coriandre
1 cuil. à soupe d'olives violettes
1 cuil. à soupe de cumin en poudre
2 cuil. à soupe d'huile d'olive
Sel, poivre du moulin

• Rincer les pavés de thon et les éponger.
• Couper en fins quartiers le citron confit. Ciseler la coriandre.
• Dans une sauteuse antiadhésive, faire chauffer l'huile d'olive, y mettre les pavés de thon, les saler, les poivrer et les saupoudrer de la moitié du cumin. Les faire dorer 5 min et les retourner.
• Les saupoudrer du reste de cumin et cuire encore 5 min.
• Ajouter 2 cuil. à soupe de coriandre ciselée, les olives et les quartiers de citron.

Accompagnement*

1 assiette plate de brocolis, par personne.

** Les quantités sont calculées pour une personne mesurant 1,70 m ayant un métier actif. Pour les adapter à votre cas, voir p. 74.*

Thon au curry et fondue d'endives à l'orange

Pour 2 personnes

Dîner

Préparation : 10 min
Cuisson : 20 min

INGRÉDIENTS

340 g de thon* au naturel en boîte
4 endives
1 orange (jus)
1 échalote hachée
1 cuil. à café de pâte de curry
2 cuil. à soupe d'huile d'olive
1/2 cuil. à café de sucre en poudre
Sel, poivre du moulin

• Éplucher les endives en creusant le pied pour enlever la partie la plus amère. Les couper en rondelles de 1 cm.
• Dans une sauteuse antiadhésive à fond épais, faire chauffer 1 cuil. à soupe d'huile d'olive.
• Quand elle est transparente, y jeter les endives émincées, saler, poivrer, arroser du jus d'orange et poudrer de sucre.
• Couvrir et laisser mijoter pendant 10 min puis découvrir jusqu'à évaporation de l'eau rendue par les endives.
• Dans une casserole, faire chauffer 1 cuil. à soupe d'huile d'olive et faire fondre l'échalote hachée.
• Dès qu'elle est transparente, ajouter 1 cuil. à café de pâte de curry et 2 cuil. à soupe du jus de la boîte de thon. Bien délayer et maintenir la sauce au chaud.
• Mettre tout le thon et le reste du jus du thon dans un plat allant au micro-ondes, puis faire chauffer 3 min à puissance maximale.
• Sortir le thon, l'égoutter, le placer dans l'assiette, le napper de sauce et le servir avec les endives.

Accompagnement*

1 assiette plate de fondue d'endives à l'orange, par personne.

** Les quantités sont calculées pour une personne mesurant 1,70 m ayant un métier actif. Pour les adapter à votre cas, voir p. 74.*

Tous les aliments autorisés

SEMAINE 2

PETIT DÉJEUNER

Le fromage

C'est la semaine des **fromages à pâte pressée non cuite.**

……. g (consultez les quantités recommandées selon votre taille, p. 37).

Vous pouvez choisir un fromage pour chaque matin ou un seul pour la semaine. Il serait cependant dommage de n'en choisir qu'un, leurs saveurs étant aussi variées que leurs origines, bien que leurs modes de préparation soient basés sur le même principe et que leurs textures soient très proches.
- cantal jeune ou vieux ;
- citeaux ;
- cheddar fermier ou laitier ;
- gouda ;
- mimolette jeune ou vieille ;
- saint-nectaire ;
- tomme d'Auvergne ou de Savoie.

Le pain

Pour accompagner ces fromages denses, on choisira de préférence du **pain blanc.**

.... g (consultez les quantités recommandées selon votre taille, p. 38).

L'huile d'olive

.... cuil. à café d'huile d'olive (consultez les quantités recommandées selon votre taille, p. 39).

L'huile d'olive pimentée s'accorde très bien avec ces fromages.

Les boissons

Café, thé, tisane, eau plate, eau pétillante, à volonté mais sans lait ni sucre ni miel ni édulcorant.

Le complément alimentaire

2 gélules de Chrono-Vita+ ou Chrono-vitamines (voir p. 283).

DÉJEUNER

La viande

C'est la semaine des **viandes rouges** et du gibier.

Tout est permis : bœuf, cheval, chevreuil, sanglier, autruche, bison, magret de canard... À toutes les sauces, à condition de ne pas consommer plus de 1 cuil. à soupe de sauce.

.... g (consultez les quantités recommandées selon votre taille, p. 43).

Suggestions de la semaine :

À consommer à la maison ou à emporter au bureau (si vous avez accès à un four à micro-ondes)

Côte de bœuf au barbecue, recette p. 99.
Bœuf en daube à la niçoise, recette p. 100.
Onglet à l'échalote, recette p. 101.
Steaks hachés au parfum de merguez, recette p. 102.
Steak tartare, recette p. 103.
Confit de canard aux lentilles, recette p. 104.

À emporter au bureau (à consommer froid)
- Salade composée : dés de bœuf, pois chiches, vinaigrette au cumin.
- Salade composée : dés de rosbif, flageolets, vinaigrette à l'estragon.
- Salade composée : dés de bœuf, haricots Soissons, vinaigrette à la ciboulette.

Au restaurant ou à la cantine
- Vous pouvez choisir parmi toutes les recettes de viande rouge **(bœuf, cheval, mouton, chevreuil, sanglier, autruche, bison, magret de canard)**. Mais attention de ne consommer que la quantité recommandée pour votre taille. Et accompagnez votre plat du féculent recommandé pour cette deuxième semaine : les féculents secs.

Les féculents

C'est la semaine des **féculents secs.**

……….. cuil. à soupe (consultez les quantités recommandées selon votre taille, p. 44).

Suggestions de la semaine :
- lentilles ;
- haricots blancs ;

- haricots cocos ;
- haricots Soissons ;
- haricots rouges ;
- pois cassés ;
- pois chiches.

Les boissons

3 grands verres d'eau ; en plus, vous pouvez boire 1 café, 1 thé ou 1 tisane, mais sans lait ni sucre ni miel ni édulcorant.

GOÛTER

Les quantités du goûter sont valables pour tous, quelle que soit la taille.

Les protéines

1 barre de Chrono-protéines ou 1 sachet de Chrono-protéines.

Les fruits et dérivés sucrés

C'est la semaine des **fruits cuits**.

Préparés de toutes les façons, du moment qu'ils sont cuits.

10 cl de fruits cuits

Suggestions de la semaine :
- pommes cuites ;
- mandarines confites ;

- abricots rôtis ;
- pamplemousse rôti ;
- pêches au sirop ;
- figues chaudes ;
- compotes variées.

Les boissons

1 grand verre d'eau, tisane ou thé, mais sans lait ni sucre ni miel ni édulcorant.

DÎNER

Le poisson

C'est la semaine des **poissons maigres**.

Vous avez le choix : cabillaud, lieu doré, merlan, raie, rouget, sole, truite, daurade, rascasse, grenadier, barbue, saint-pierre… À toutes les sauces, à condition de ne pas consommer plus de 2 cuil. à soupe de sauce.

…………… g (consultez les quantités recommandées selon votre taille, p. 48).

Suggestions de la semaine :
Cabillaud à l'échalote, recette p. 105.
Lieu doré au champagne, recette p. 106.
Darnes de cabillaud à la moutarde au basilic, recette p. 107.
Merlans poêlés, recette p. 108.
Petits filets de rouget aux 3 épices, recette p. 109.
Raie à l'effiloché de poireau, recette p. 110.

Les légumes verts

C'est la semaine des légumes verts **à tiges** et des **champignons**.

Parmi les légumes verts **à tiges** : fenouil, céleri branche, asperges, poireaux…
Et les **champignons :** de Paris, cèpes, trompettes, pleurotes, girolles, morilles…

……….. cuil. à soupe (consultez les quantités recommandées selon votre taille, p. 50).

La boisson

3 grands verres d'eau ; en plus, vous pouvez boire 1 café, 1 thé ou 1 tisane, mais sans lait ni sucre ni miel ni édulcorant.

À vous de jouer !

Pages 96 à 97, vous trouverez votre « journée type personnelle », suivie d'un modèle vous permettant de préparer vos menus au jour le jour.

1 - Phase Démarrage express

Votre journée type personnelle

Inscrivez vos quantités, selon votre taille (hauteur en centimètres)

SEMAINE 2

Le petit déjeuner

Consultez les quantités recommandées pour votre taille (hauteur en centimètres) p. 37 à 39.

• ...... g de fromage à pâte pressée non cuite : cantal jeune ou vieux, gouda, cheddar fermier ou laitier, mimolette jeune ou vieille, saint-nectaire, tomme d'Auvergne ou de Savoie, Citeaux... ;
• ...... g de pain frais ;
• ..... cuil. à café d'huile d'olive ;
• boisson à volonté : thé, café, infusion, tisane, eau plate ou pétillante... sans lait ni sucre ni miel ni édulcorant ;
• 2 gélules de Chrono-Vita+ ou de Chrono-vitamines (voir p. 283).

Le déjeuner

Consultez les quantités recommandées pour votre taille (hauteur en centimètres) p. 43 à 44.

• ...... g de viande rouge : agneau, mouton, bœuf, cheval, canard, autruche, chevreuil, sanglier, bison... ;
• ...... cuil. à soupe de féculents secs cuits : fèves, lentilles, pois chiches, pois cassés...

Le goûter

Au retour de l'appétit, donc aussi tôt ou aussi tard qu'on voudra, c'est le même pour tout le monde !

• 1 barre de Chrono-protéines ou 1 sachet de Chrono-protéines (voir p. 46) ;

• des fruits et dérivés sucrés :
– 10 cl de fruits cuits coupés en morceaux : pomme cuite, mandarines confites, abricots rôtis, pamplemousse rôti, pêches au sirop, figues chaudes, compotes...

Le dîner

Consultez les quantités recommandées pour votre taille (hauteur en centimètres) p. 48 à 50.

• ...... g de poisson maigre : cabillaud, lieu doré, merlan, raie, rouget, sole, truite, daurade ou daurade royale, rascasse, grenadier, barbue, saint-pierre... ;

• ...... cuil. à soupe de légumes verts à tiges : fenouil, céleri branche, asperges, poireaux ; et champignons : de Paris, cèpes, trompettes de la mort, pleurotes, girolles, morilles...

Les boissons

À volonté : eau plate ou pétillante, thé, café, tisane sans lait ni sucre ni miel ni édulcorant.
Aucune autre boisson, pas plus alcoolisée qu'artificielle.
Donc pas de vin, à l'exception bien sûr du repas joker.

1 repas joker par semaine (voir p. 61)

Pensez aussi que vous avez droit à un repas joker dans la semaine et que vous pourrez à ce moment-là laisser libre cours à vos envies...
Tout est permis y compris entrée, dessert, apéritif et vin à table.
Mais attention, si vous exagérez les quantités et/ou que vous additionnez trop de plats différents, cela ralentira votre perte de poids.

VOTRE SEMAINE 2
au jour le jour

....

(Photocopiez cette page et inscrivez le jour de la semaine)

PETIT DÉJEUNER

- **Fromage :** .... g de ....
- **Pain :** .... g de pain
- **Huile d'olive** (nature, pimentée, aromatisée...) **:** .... cuil. à café d'huile d'olive
- **Boisson :** ....
- **Complément alimentaire :** 2 gélules de Chrono-Vita+ ou Chrono-vitamines (voir p. 283).

DÉJEUNER

- **Viande** (viande rouge, gibier) **:** .... g de ....
- **Féculents** (féculents secs) **:** .... cuil. à soupe de ....
- **Boisson :** 3 grands verres d'eau
Éventuelle boisson supplémentaire ....

GOÛTER

- **Protéines :** 1 barre ou 1 sachet de Chrono-protéines (voir p. 283)
- **Fruits** (fruits cuits) **:** 10 cl de ....

DÎNER

- **Poisson maigre :** .... g de ....
Légumes verts (légumes verts à tiges et/ou champignons) **:** .... cuil. à soupe de ....
- **Boisson :** 3 grands verres d'eau
Éventuelle boisson supplémentaire..

Déjeuner

Côte de bœuf au barbecue

Pour 2 personnes

Préparation : 10 min
Marinade : 2 h
Cuisson : 20 min

INGRÉDIENTS

600 g de côte de bœuf*
1 cuil. à café de fleur de thym
1 branche de romarin frais
2 feuilles de laurier
3 cuil. à soupe d'huile d'olive
2 cuil. à soupe de gros sel de Guérande
1 cuil. à soupe de poivre mignonnette

• Émietter les feuilles de laurier et ciseler le romarin.
• Dans un plat creux, déposer la côte de bœuf, la parsemer de romarin, de thym et de laurier. Arroser de 3 cuil. à soupe d'huile d'olive et laisser mariner au frais pendant 2 h en la retournant régulièrement.
• Allumer le barbecue.
• Quand le barbecue est prêt (les braises commencent à blanchir, au bout d'environ 15 min), déposer la côte au centre de la grille très chaude, cuire 12 min.
• Retourner la côte de bœuf à l'aide d'une pince, ne pas la piquer.
• Au même moment, poser la côte sur du papier aluminium, l'enduire de gros sel et de poivre mignonnette. L'enfermer dans le papier aluminium pendant 7 à 8 min pour que le sel fonde.
• La découper et servir aussitôt.

Accompagnement*
3 cuil. à soupe de haricots rouges, par personne.

** Les quantités sont calculées pour une personne mesurant 1,70 m ayant un métier actif. Pour les adapter à votre cas, voir p. 98.*

Déjeuner

Bœuf en daube à la niçoise

Pour 6 personnes

Préparation : 20 min
Cuisson : 4 h 10

INGRÉDIENTS

1,5 kg de bœuf* (gîte et paleron) coupé en cubes
2 carottes
1 branche de céleri
2 tomates pelées
1 morceau de zeste d'orange (10 cm)
2 oignons
4 gousses d'ail
2 branches de thym
1 feuille de laurier
60 g de cèpes séchés
1 verre de vin rouge
1 verre à liqueur de marc
2 cuil. à soupe d'huile d'olive
1 pincée de piment de Cayenne
Sel, poivre de Cayenne

• Faire tremper les cèpes dans de l'eau.
• Saler et poivrer la viande.
• Détailler le céleri en morceaux, éplucher les oignons, les couper en quartiers. Couper les carottes en rondelles, éplucher les gousses d'ail.
• Dans une sauteuse, faire chauffer 1 cuil. à soupe d'huile d'olive, y faire rissoler les oignons, les carottes, l'ail, le céleri, le thym et le laurier.
• Dans une cocotte, faire chauffer 1 cuil. à soupe d'huile d'olive et y faire revenir les morceaux de bœuf à feu vif sur tous les côtés puis baisser le feu et les laisser cuire environ 10 min.
• Couper les tomates et les ajouter, ainsi que les légumes rissolés, le vin rouge, le marc et de l'eau bouillante, juste assez pour recouvrir la viande.
• Porter à ébullition puis laisser mijoter à feu très doux pendant 3 h. Ensuite, ajouter les champignons égouttés. Vérifier l'assaisonnement, mettre 1 pincée de piment, l'écorce d'orange et laisser cuire encore 1 h.
• Dégraisser la sauce avec une cuillère. Servir bien chaud.

Accompagnement*

3 cuil. à soupe de haricots blancs, par personne.

** Les quantités sont calculées pour une personne mesurant 1,70 m ayant un métier actif. Pour les adapter à votre cas, voir p. 98.*

Onglet à l'échalote

Pour 2 personnes

Préparation : 5 min
Cuisson : 4 min environ

INGRÉDIENTS

340 g d'onglet de bœuf*
2 cuil. à soupe d'échalotes hachées
2 cuil. à soupe de vinaigre de xérès
1 cuil. à soupe d'huile d'olive
Sel, poivre du moulin

• Saisir la viande de chaque côté dans une poêle antiadhésive.
• Dès qu'elle est saisie, ajouter l'huile et les échalotes.
• Lorsque la viande est cuite, la maintenir sur un plat chaud. La recouvrir de papier aluminium.
• Ajouter le vinaigre dans la poêle en raclant le fond avec une cuillère en bois et laisser réduire.
• Enlever le papier aluminium de la viande et la déposer sur des assiettes chaudes. Verser le contenu de la poêle sur la viande puis servir.

Accompagnement*
3 cuil. à soupe de purée de pois cassés, par personne.

** Les quantités sont calculées pour une personne mesurant 1,70 m ayant un métier actif. Pour les adapter à votre cas, voir p. 98.*

Steaks hachés au parfum de merguez

Pour 2 personnes

Préparation : 5 min
Cuisson : 10 min

INGRÉDIENTS

2 steaks hachés*
2 merguez
1 cuil. à café d'huile de pépin de raisin
Sel, poivre du moulin

• Faire chauffer une poêle antiadhésive. Dès qu'elle est chaude, y faire cuire les merguez à feu moyen pendant 6 à 7 min, puis débarrasser sur une assiette.
• Jeter le gras de cuisson des merguez, essuyer la poêle et y mettre à chauffer la cuil. à café d'huile de pépin de raisin.
• Dès que l'huile est chaude, déposer les steaks hachés dans la poêle, saler, poivrer, faire cuire à feu vif pendant 2 min.
• Pendant la cuisson, couper les merguez en rondelles.
• Au bout de 2 min, retourner les steaks hachés, saler, poivrer, poser les rondelles de merguez sur les steaks et faire cuire 2 min à feu moyen.
• Servir sur 2 assiettes chaudes.

Accompagnement*
3 cuil. à soupe de pois chiches, par personne.

** Les quantités sont calculées pour une personne mesurant 1,70 m ayant un métier actif. Pour les adapter à votre cas, voir p. 98.*

Steak tartare

Pour 2 personnes

Préparation : 10 min

INGRÉDIENTS

340 g de steak haché*
1 jaune d'œuf
4 petits oignons grelots au vinaigre
1 cuil. à café de câpres
1 cuil. à café de persil plat haché
1/2 cuil. à café d'échalote hachée
1 cuil. à soupe d'huile d'olive
1/2 cuil. à café de moutarde forte de Dijon
1/2 cuil. à café de Worcestershire sauce ou de ketchup
Sel, poivre du moulin

• On mélange le tout dans une assiette, et on déguste !

Accompagnement*

3 cuil. à soupe de purée de fèves, par personne.

** Les quantités sont calculées pour une personne mesurant 1,70 m ayant un métier actif. Pour les adapter à votre cas, voir p. 98.*

Déjeuner

Confit de canard aux lentilles

Pour 2 personnes

Dîner

Préparation : 30 min
Cuisson : 35 min

INGRÉDIENTS

2 cuisses de canard* confites
100 g de lentilles vertes du Puy
1 tranche de céleri-rave
1 carotte
1 oignon
1/2 cube de concentré de bouillon de légumes
1/2 cuil. à café de cumin en grains
1 cuil. à soupe d'huile d'olive
Sel, poivre du moulin

• Éplucher les légumes, hacher l'oignon, couper en dés la carotte et le céleri. Rincer les lentilles à l'eau froide, les égoutter.
• Dans une grande casserole, verser l'huile d'olive, la faire chauffer à feu moyen et y faire revenir l'oignon, les dés de carotte et de céleri sans coloration pendant 2 à 3 min.
• Ajouter les lentilles, le cube de concentré émietté, 1,5 litre d'eau, le cumin, du sel et du poivre. Porter à ébullition puis baisser le feu, couvrir et laisser frémir pendant 30 min environ.
• Pendant ce temps, dans une cocotte, mettre les cuisses de canard à réchauffer, à feu doux et à couvert.
• Égoutter les lentilles. Les mixer en purée ainsi que les autres ingrédients égouttés. Rectifier l'assaisonnement.
• Servir bien chaud avec les cuisses de canard confites.

Accompagnement

3 cuil. à soupe de purée de lentilles, par personne.

** Les quantités sont calculées pour une personne mesurant 1,70 m ayant un métier actif. Pour les adapter à votre cas, voir p. 98.*

Cabillaud à l'échalote

Pour 2 personnes

Préparation : 5 min
Cuisson : 13 min

INGRÉDIENTS

340 g de filet de cabillaud*
10 g de beurre
1 cuil. à soupe d'échalote hachée
1 gousse d'ail pressée
1 cuil. à soupe de persil plat haché
1 cuil. à soupe d'huile d'olive
Sel, poivre du moulin

- Dans une poêle à fond épais, faire chauffer l'huile et le beurre, puis ajouter l'échalote hachée et la faire fondre.
- Lorsqu'elle est transparente, déposer les filets de cabillaud, laisser cuire 5 min à feu vif, saler, poivrer et parsemer avec la moitié d'ail pressée.
- Retourner les filets, poivrer, saler, parsemer de persil et de l'ail restant.
- Cuire environ 5 min.

Accompagnement*

1 assiette plate de poêlée de champignons de Paris, par personne.

** Les quantités sont calculées pour une personne mesurant 1,70 m ayant un métier actif. Pour les adapter à votre cas, voir p. 98.*

Dîner

Dîner

Lieu doré au champagne

Pour 2 personnes

Préparation : 10 min
Cuisson : 30 min

INGRÉDIENTS

2 petits lieus dorés* de 170 g chacun
1 citron
1 échalote
1 feuille de laurier
2 branches de thym citron
3 cuil. à café de fumet de poisson déshydraté
1 petit verre de champagne ou de vin blanc
1 cuil. à soupe d'huile d'olive
Sel, poivre du moulin

• Demander au poissonnier de vider les poissons, de couper les têtes et les queues.
• Laver les lieus, puis les sécher avec un papier absorbant.
• Couper le citron en rondelles et hacher l'échalote.
• Préchauffer le four à 200 °C (th.6-7).
• À l'intérieur de chaque poisson, mettre 1/2 feuille de laurier, 1 branche de thym, 1 rondelle de citron, saler, poivrer.
• Dans un plat allant au four, faire chauffer l'huile d'olive, y faire fondre l'échalote hachée, poser les poissons dessus et les recouvrir des rondelles de citron restantes.
• Dissoudre les 3 cuil. à café de fumet dans 40 cl d'eau chaude, ajouter le vin ou le champagne et verser le tout sur les poissons.
• Enfourner le plat dans le four et faire cuire pendant 30 min.

Accompagnement*
1 assiette plate de fricassée de girolles, par personne.

** Les quantités sont calculées pour une personne mesurant 1,70 m ayant un métier actif. Pour les adapter à votre cas, voir p. 98.*

Darnes de cabillaud à la moutarde au basilic

Pour 2 personnes

Dîner

Préparation : 5 min
Cuisson : 10 min

INGRÉDIENTS

340 g de darnes de cabillaud*
10 g de beurre
2 à 3 cuil. à soupe de moutarde au basilic
1 cuil. à café de graine d'anis
1 cuil. à soupe d'huile d'olive
Sel, poivre du moulin

- Demandez à votre poissonnier de couper en quatre les darnes de cabillaud.
- Enduire largement de moutarde la première face de darnes, saupoudrer d'anis, saler et poivrer.
- Dans une poêle, faire chauffer à feu vif l'huile et le beurre puis, lorsqu'ils sont bien chauds, déposer les darnes côtés moutardés.
- Tartiner les deuxièmes faces de moutarde et assaisonner.
- Cuire 5 min et retourner les darnes, cuire encore 5 min et baisser le feu.
- Laisser cuire encore quelques minutes suivant l'épaisseur des darnes.

Accompagnement*
1 assiette plate de céleri branche à la vapeur, par personne.

** Les quantités sont calculées pour une personne mesurant 1,70 m ayant un métier actif. Pour les adapter à votre cas, voir p. 98.*

Dîner

Merlans poêlés

Pour 2 personnes

Préparation : 5 min
Cuisson : 6 min

INGRÉDIENTS

340 g de filets de merlan*
10 g de beurre
1/2 cuil. à café de graines de poivre de Sichuan concassées
Sel, poivre du moulin

- Dans une poêle, faire chauffer le beurre et, quand il est bien chaud, déposer les filets de merlan.
- Saler, poivrer et mettre la moitié des graines de poivre de Sichuan.
- Laisser cuire 3 min à feu vif, retourner les filets et mettre le reste des graines de poivre de Sichuan.
- Laisser cuire à nouveau pendant 1 min.
- Servir dans 2 assiettes très chaudes.

Accompagnement*

1 assiette plate d'asperges tièdes en vinaigrette, par personne.

** Les quantités sont calculées pour une personne mesurant 1,70 m ayant un métier actif. Pour les adapter à votre cas, voir p. 98.*

Petits filets de rouget aux 3 épices

Pour 2 personnes

Préparation : 7 min
Cuisson : 3 min

INGRÉDIENTS

340 g de petits filets de rouget* avec leur peau
1/2 cuil. à café d'herbes de Provence
2 cuil. à soupe d'huile d'olive
Sel, poivre du moulin

Mettre dans un moulin à poivre vide :
- 1/3 de graines d'aneth
- 1/3 de graines d'anis
- 1/3 de graines de fenouil

• Assaisonner les filets côté chair avec sel, poivre et le moulin des 3 épices.
• Dans une poêle antiadhésive, mettre les 2 cuil. à soupe d'huile d'olive et la 1/2 cuil. à café d'herbes de Provence.
• Faire chauffer la poêle à feu vif et, dès que l'huile est chaude, y déposer les filets de rouget côté assaisonné puis cuire pendant 1 min.
• Assaisonner de la même façon côté peau, retourner les filets et laisser cuire à feu vif jusqu'à ce que la peau soit bien rissolée (2 à 3 min).
• Servir sur des assiettes chaudes.

Accompagnement*

1 assiette plate de fenouil à l'huile d'olive, par personne.

** Les quantités sont calculées pour une personne mesurant 1,70 m ayant un métier actif. Pour les adapter à votre cas, voir p. 98.*

Dîner

Raie à l'effiloché de poireaux

Pour 2 personnes

Préparation : 15 min
Cuisson : 8 à 10 min

INGRÉDIENTS

340 g de raie* bien épaisse coupée en deux
40 g de beurre
300 g de poireaux
1/2 citron (jus)
1 cuil. à soupe de câpres au vinaigre
2 cubes de court-bouillon
Sel, poivre du moulin

• Dans une grande casserole, faire bouillir 50 cl d'eau y faire dissoudre les 2 cubes de court-bouillon en remuant.
• Quand ils sont bien dissous, ajouter 150 cl d'eau froide.
• Y plonger les morceaux de raie et porter à ébullition à feu moyen pendant 6 à 10 min suivant l'épaisseur des morceaux.
• Pendant ce temps, retirer le vert des poireaux pour ne garder que le blanc et le début du vert. Les rincer. Les couper en quatre dans le sens de la longueur pour réaliser de longues lanières et les faire cuire à la vapeur 6 à 8 min, les poireaux doivent rester un peu croquants.
• Presser le demi-citron et mélanger le jus aux câpres.
• Dès que la raie est cuite, ôter la peau et les cartilages.
• Disposer sur 2 assiettes très chaudes l'effiloché de poireaux, déposer dessus les morceaux de raie et garder au chaud.
• Faire fondre doucement le beurre dans une casserole, jusqu'à ce qu'il soit doré. Le filtrer au-dessus du mélange câpres/citron, saler, poivrer, mélanger puis en napper les assiettes. Servir aussitôt.

** Les quantités sont calculées pour une personne mesurant 1,70 m ayant un métier actif. Pour les adapter à votre cas, voir p. 98.*

Tous les aliments autorisés

SEMAINE 3

PETIT DÉJEUNER

Le fromage

Cette semaine, découvrez les **fromages à pâte persillée** et les **fromages de chèvre**.

Pour cette troisième semaine, vous allez pouvoir choisir entre deux familles de fromages : les fromages à pâte persillée (de vache ou de brebis) et les fromages de chèvre.

.... g (consultez les quantités recommandées selon votre taille, p. 37).

Fromages à pâte persillée, de vache ou de brebis :
- fourme d'Ambert ou de Montbrison ;
- bleu d'Auvergne ;
- bleu de Gex ;
- roquefort.

Fromages de chèvre :
- crottin de Chavignol ;
- lingot ardéchois ;
- rocamadour.

Vous pouvez choisir le même fromage pour toute la semaine, ou en choisir un différent pour chaque matin, ou encore faire un assortiment de ces fromages pour toute la semaine.

Le pain

.... g (consultez les quantités recommandées selon votre taille, p. 38).

Le meilleur des pains pour supporter ces robustes fromages sera le pain Poilâne, légèrement grillé.

L'huile d'olive

.... cuil. à café d'huile d'olive (consultez les quantités recommandées selon votre taille, p. 39).

- de l'huile d'olive naturelle, pour accompagner les fromages à pâte persillée ;
- de l'huile d'olive aromatisée, pour accompagner les fromages de chèvre.

Les boissons

Café, thé, tisane, eau plate, eau pétillante, à volonté mais sans lait ni sucre ni miel ni édulcorant.

Le complément alimentaire

2 gélules de Chrono-Vita+ ou Chrono-vitamines (voir p. 283).

DÉJEUNER

La viande

C'est la semaine des **abats**.

Boudin noir, andouillette, foie, rognons, langue, ris de veau, cœur... À toutes les sauces, à condition de ne pas consommer plus de 2 cuil. à soupe de sauce.

.... g (consultez les quantités recommandées selon votre taille, p. 43).

Si l'on n'aime pas les abats, on peut les remplacer par de la **viande rouge braisée.**

Suggestions de la semaine :

À consommer à la maison ou à emporter au bureau (si vous avez accès à un four à micro-ondes)
Langue de veau, recette p. 121.
Rognons de mouton à la Bercy, recette p. 123.
Andouillette au chablis, recette p. 124.
Foie de veau poêlé au vinaigre de framboise, recette p. 125.
Foie de veau aux oignons glacés, recette p. 126.
Boudin noir à l'écrasée de pommes de terre, recette p. 127.

À emporter au bureau (à consommer froid)
• Salade de foies de volaille et pommes de terre à l'estragon.
• Salade composée : dés de foie de veau, petits oignons revenus, pommes de terre, vinaigrette au vinaigre de miel.
• Salade composée : dés de foie de veau, lamelle de jambon de pays, pommes de terre, vinaigrette au vinaigre de cidre.

Au restaurant ou à la cantine
• Vous pouvez choisir parmi toutes les recettes d'abats.
• Si vraiment vous ne supportez pas les abats, remplacez-les par la même quantité de viande rouge braisée. Mais attention de ne consommer que la quantité recommandée pour votre taille. Et accompagnez votre plat du féculent recommandé pour cette troisième semaine : les pommes de terre.

Les féculents

C'est la semaine des **pommes de terre**.

Sautées, cuites à la vapeur ou à l'eau, vous ne vous lasserez pas des pommes de terre.
……….. cuil. à soupe (consultez les quantités recommandées selon votre taille, p. 44).

Suggestions de la semaine :
- pommes de terre vapeur ;
- pommes de terre en robe des champs ;
- purée de pommes de terre ;
- pommes de terre sautées à la graisse d'oie ;
- pommes de terre sautées à l'échalote.

La boisson

3 grands verres d'eau ; en plus, vous pouvez boire 1 café, 1 thé ou 1 tisane, mais sans lait ni sucre ni miel ni édulcorant.

GOÛTER

Les quantités du goûter sont valables pour tous, quelle que soit la taille.

Les protéines

1 barre de Chrono-protéines ou 1 sachet de Chrono-protéines.

Les fruits et dérivés sucrés

C'est la semaine des **fruits secs.**

Attention à ne pas confondre les fruits secs avec les oléagineux (amandes, noisettes, noix… qui sont des « gras végétaux » pas autorisés dans cette phase 1).

10 cl de fruits secs.

Suggestions de la semaine :
- figues ;
- pruneaux ;
- dattes ;
- abricots ;
- raisins secs ;
- cocktail de fruits secs exotiques.

La boisson

1 grand verre d'eau, tisane ou thé, mais sans lait ni sucre ni miel ni édulcorant.

DÎNER

La viande

Cette semaine, la **viande blanche** est au menu.

Cette semaine, nous vous proposons de la viande blanche pour le soir (histoire de ne pas vous donner l'impression fâcheuse qu'il va finir par vous pousser des écailles à force de manger du poisson tous les soirs !) : volailles, lapin ou veau. À toutes les sauces, à condition de ne pas consommer plus de 2 cuil. à soupe de sauce.

.... g (consultez les quantités recommandées selon votre taille, p. 48).

Suggestions de la semaine :
Escalopes de dinde à la moutarde au miel, recette p. 128.
Sauté de dinde à l'oseille et au lait de coco, recette p. 129.

Cuisses de lapin à la moutarde et aux graines de sésame sur lit de tomates, recette p. 130
Rôti de veau froid, recette p. 131.
Émincé de poulet aux poivres multicolores, recette p. 132.
Poulet rôti à l'huile d'olive à la coriandre, recette p. 133.
Cuisses de poulet au vinaigre, recette p. 134.

Les légumes verts

C'est la semaine des **légumes fruits** ou **légumes fleurs.**

Parmi lesquels : tomate, poivron, artichaut…

……….. cuil. à soupe (consultez les quantités recommandées selon votre taille, p. 50).

Suggestions de la semaine :
- tomates ;
- artichauts ;
- fonds d'artichaut ;
- caviar d'aubergines ;
- concombres ;
- courgettes ;
- chou-fleur.

La boisson

3 grands verres d'eau ; en plus, vous pouvez boire 1 café, 1 thé ou 1 tisane, mais sans lait ni sucre ni miel ni édulcorant.

À vous de jouer !

Pages 118 à 119, vous trouverez votre « journée type personnelle », suivie d'un modèle vous permettant de préparer vos menus au jour le jour.

Phase 1 – Démarrage express

Votre journée type personnelle

Inscrivez vos quantités, selon votre taille (hauteur en centimètres)

SEMAINE 3

Le petit déjeuner

Consultez les quantités recommandées pour votre taille (hauteur en centimètres) p. 37 à 39.

• ...... g de fromage à pâte persillée, de vache ou de brebis : fourme d'Ambert ou de Montbrison, bleu d'Auvergne, bleu de Gex, roquefort... ou fromage de chèvre : crottin de Chavignol, lingot ardéchois, rocamadour... ;
• ...... g de pain frais ;
• ..... cuil. à café d'huile d'olive ;
• boisson à volonté : thé, café, infusion, tisane, eau plate ou pétillante... sans lait ni sucre ni miel ni édulcorant ;
• 2 gélules de Chrono-Vita+ ou de Chrono-vitamines (voir p. 283).

Le déjeuner

Consultez les quantités recommandées pour votre taille (hauteur en centimètres) p. 43 à 44.

• ...... g de viande d'abats : boudin noir, andouillette, foie, rognons, langue, ris de veau, cœur... ;
– ou...... g de viande rouge braisée ;
• ...... cuil. à soupe de pommes de terre : en purée, sautées, vapeur, en robe des champs...

Le goûter

Au retour de l'appétit, donc aussi tôt ou aussi tard qu'on voudra, c'est le même pour tout le monde !

- 1 barre de Chrono-protéines ou 1 sachet de Chrono-protéines (voir p. 46) ;
- des fruits et dérivés sucrés :

– 10 cl de fruits secs : raisins, abricots, figues, dattes, pruneaux, fruits exotiques... (mais PAS d'amandes, noisettes, noix... qui sont des « gras végétaux »).

Le dîner

Consultez les quantités recommandées pour votre taille (hauteur en centimètres) p. 48 à 50.

- ...... g de viande blanche : volaille, lapin, veau... ;
- ...... cuil. à soupe de légumes fruits ou fleurs : tomate, poivron, aubergine, concombre, courgette, artichaut, fond d'artichaut...

Les boissons

À volonté : eau plate ou pétillante, thé, café, tisane sans lait ni sucre ni miel ni édulcorant.
Aucune autre boisson, pas plus alcoolisée qu'artificielle.
Donc pas de vin, à l'exception bien sûr du repas joker.

1 repas joker par semaine (voir p. 61)

Pensez aussi que vous avez droit à un repas joker dans la semaine et que vous pourrez à ce moment-là laisser libre cours à vos envies...
Tout est permis y compris entrée, dessert, apéritif et vin à table.
Mais attention, si vous exagérez les quantités et/ou que vous additionnez trop de plats différents, cela ralentira votre perte de poids.

VOTRE SEMAINE 3
au jour le jour

....

(Photocopiez cette page et inscrivez le jour de la semaine)

PETIT DÉJEUNER

- **Fromage :** ...... g de ....
- **Pain :** ...... g de pain
- **Huile d'olive** (nature, pimentée, aromatisée...) **:** .... cuil. à café
- **Boisson :** ....
- **Complément alimentaire :** 2 gélules de Chrono-Vita+ ou Chrono-vitamines (voir p. 283).

DÉJEUNER

- **Viande :** .... g de (abats ou viandes rouges braisées) ....
ou .... g de la recette ....
- **Féculents** (pommes de terre) **:** .... cuil. à soupe de ....
- **Boisson :** 3 grands verres d'eau
Éventuelle boisson supplémentaire ....

GOÛTER

- **Protéines :** 1 barre ou 1 sachet de Chrono-protéines (voir p. 283)
- **Fruits** (fruits secs) **:** 10 cl de ....

DÎNER

- **Viande blanche :** .... g de ....
- **Légumes verts** (légumes fruits ou légumes fleurs) **:** .... cuil. à soupe de ....
- **Boisson :** 3 grands verres d'eau
Éventuelle boisson supplémentaire..

Langue de veau

Pour 2 personnes

Préparation : 10 min + 10 min (sauce)
Cuisson : 3 h + 16 min (sauce)

INGRÉDIENTS

340 g de langue de veau*
1 poireau
2 carottes
1 navet
1 branche de céleri
1 oignon piqué d'un clou de girofle
1 gousse d'ail
2 brins de thym
1/2 feuille de laurier
4 ou 5 grains de coriandre
Sel, poivre du moulin

Sauce à la diable
20 g de beurre
1 échalote
Quelques brins d'estragon haché
Quelques brins de ciboulette ciselée
1 cuil. à soupe de farine
10 cl de vin blanc sec
10 cl de vinaigre de vin blanc à l'estragon

• Demander au boucher de débarrasser la langue de toutes les parties graisseuses qui y adhèrent.

• Remplir un faitout d'eau froide salée, y plonger la langue, porter à ébullition et maintenir celle-ci pendant 15 min.

• Retirer la langue, la plonger dans l'eau froide et retirer la peau à l'aide d'un couteau pointu. Réserver.

• Faire bouillir dans le faitout 2 l d'eau salée et poivrée.

• Lorsqu'elle bout, y jeter les légumes et les aromates (ne pas oublier d'ôter le germe de la gousse d'ail) puis la langue.

• Couvrir et maintenir une légère ébullition pendant 2 h 30. Pendant ce temps, préparer la sauce à la diable.

• Égoutter.

• Découper en tranches et servir avec la sauce diable dans des assiettes qu'on aura pris la précaution de faire chauffer, ce plat devant impérativement se manger chaud.

Sauce à la diable

• Dans une petite casserole, mettre le vinaigre, le vin blanc et l'échalote hachée.

• Cuire à feu moyen jusqu'à ébullition, puis faire réduire des 3/4.

• Dans une autre casserole, mettre le beurre et la farine.

• Faire chauffer à feu moyen tout en remuant avec une cuillère en bois, augmenter un peu le feu pour faire blondir légèrement le mélange, mouiller avec le bouillon en le versant d'un coup dans la casserole, puis ajouter le contenu de la première casserole.

50 cl de bouillon
Poivre de Cayenne

- Porter à ébullition et maintenir celle-ci pendant 5 min.
- Vérifier le degré de sel, qui varie suivant que vous avez employé un bouillon instantané, souvent très salé, ou le bouillon de cuisson de la langue.
- Poivrer de deux tours de moulin, d'une pointe de couteau de poivre de Cayenne et ajouter les herbes.
- Servir en saucière.

Accompagnement*

3 cuil. à soupe de pommes de terre chaudes en vinaigrette, par personne.

** Les quantités sont calculées pour une personne mesurant 1,70 m ayant un métier actif. Pour les adapter à votre cas, voir p. 120.*

Rognons de mouton à la Bercy

Pour 2 personnes

Préparation : 15 min
Cuisson : 12 min

INGRÉDIENTS

340 g de rognons* de mouton ou d'agneau
50 g de beurre mou
1 citron (jus)
2 échalotes
1/2 bouquet de persil plat
4 pincées de 4-épices
25 g de farine
20 cl de vin blanc sec
Sel, poivre du moulin

• Demander au boucher d'ouvrir les rognons en deux sans les séparer entièrement, de les dénerver et d'enlever la peau.
• Éplucher les échalotes et les émincer très finement. Laver et ciseler le persil. Presser le citron.
• Dans un bol, à l'aide d'une fourchette, mélanger intimement le beurre ramolli et la farine.
• Embrocher les rognons sur des piques en métal, saler, poivrer, saupoudrer chaque brochette de 1 pincée de 4-épices et les faire griller 3 min de chaque côté sous le gril du four.
• Pendant ce temps, dans une petite casserole, faire bouillir à feu vif le vin blanc et l'échalote émincée, jusqu'à réduction du liquide de moitié. Saler légèrement, poivrer puis lier avec le beurre manié, toujours sur le feu vif. Hors du feu, ajouter 2 cuil. à soupe de jus de citron et 1 grosse cuil. à soupe de persil ciselé.
• Présenter les rognons sur des assiettes chaudes, nappés de sauce.

Accompagnement*

3 cuil. à soupe de pommes vapeur, au parfum de ciboulette, par personne.

** Les quantités sont calculées pour une personne mesurant 1,70 m ayant un métier actif. Pour les adapter à votre cas, voir p. 120.*

Déjeuner

Andouillettes au chablis

Pour 2 personnes

Préparation : 10 min
Cuisson : 50 min

INGRÉDIENTS

2 andouillettes*
15 g de beurre
6 échalotes
1 cuil. à soupe d'estragon ciselé
10 cl de chablis
2,5 cl de bouillon de poule ou bouillon de pot-au-feu
Sel, poivre du moulin

- Préchauffer le four à 150 °C (th.5).
- Peler les échalotes, les couper en deux dans le sens de la longueur.
- Dans un plat allant au four, en terre de préférence, étaler les échalotes, placer les andouillettes par-dessus. Parsemer de petits morceaux de beurre et d'estragon ciselé, arroser avec le chablis et le bouillon. Saler et poivrer.
- Enfourner pour 40 min en arrosant régulièrement.
- Au bout de ce temps, poser du papier aluminium par-dessus les andouillettes et poursuivre la cuisson pendant 10 min.
- Servir bien chaud.

Accompagnement*
3 cuil. à soupe de purée Soubise, par personne.

** Les quantités sont calculées pour une personne mesurant 1,70 m ayant un métier actif. Pour les adapter à votre cas, voir p. 120.*

Foie de veau poêlé au vinaigre de framboise

Pour 2 personnes

Préparation : 10 min
Cuisson : 15 à 20 min

INGRÉDIENTS

340 g de foie de veau*
1 petit oignon
1 échalote
1 gousse d'ail
1 cuil. à café de thym
1/2 feuille de laurier
1 cuil. à soupe de vinaigre de framboise
2 cuil. à soupe d'huile d'olive
Sel, poivre du moulin

• Couper l'oignon en rondelles fines, hacher l'échalote, débarrasser l'ail de son germe puis le presser.

• Dans une poêle antiadhésive, faire chauffer à feu vif l'huile, y faire frire les rondelles d'oignon. Dès qu'elles sont dorées, les réserver sur une assiette.

• Mettre les tranches de foie dans la poêle et les faire cuire à feu moyen environ 4 min de chaque côté. Saler, poivrer, les réserver sur une assiette en les recouvrant de papier aluminium pour les maintenir au chaud.

• Dans la même poêle, faire fondre l'échalote avec l'ail. Ajouter le vinaigre, le thym, le laurier et cuire 2 min en remuant, puis remettre le foie juste le temps de réchauffer.

• Servir le foie bien chaud avec son fond de sauce.

Accompagnement*

3 cuil. à soupe de pommes de terre vapeur, par personne.

** Les quantités sont calculées pour une personne mesurant 1,70 m ayant un métier actif. Pour les adapter à votre cas, voir p. 120.*

Déjeuner

Déjeuner

Foie de veau aux oignons glacés

Pour 2 personnes

Préparation : 15 min
Cuisson : 25 min

INGRÉDIENTS

340 g de tranches de foie de veau*
10 g de beurre
12 oignons grelots
1 cuil. à soupe de persil plat haché
2 cuil. à café d'huile d'olive
1 cuil. à café de sucre en poudre
2 cuil. à soupe de vin blanc sec
Sel, poivre du moulin

• Éplucher les oignons puis les plonger 3 min dans l'eau bouillante pour les blanchir.
• Dans une petite poêle, faire fondre la moitié du beurre avec 1 cuil. à café d'huile d'olive. Quand le mélange est chaud, déposer les oignons, les saupoudrer de sucre en poudre, saler, poivrer.
• Confire les rognons à feu doux environ 20 min, en les remuant souvent en secouant la poêle pour bien les enrober et qu'ils soient dorés de tous les côtés.
• Dans une poêle antiadhésive, faire chauffer le reste du beurre et de l'huile d'olive. Quand ils sont bien chauds, y saisir les tranches de foie à feu vif, saler, poivrer, laisser cuire 2 min, retourner les tranches de foie, baisser un peu le feu et cuire 1 ou 2 min selon l'épaisseur. Le foie doit rester rosé à l'intérieur.
• Ajouter les petits oignons glacés et déglacer leur poêle avec le vin blanc.
• Sur des assiettes chaudes, disposer le foie et les petits oignons, verser la sauce obtenue dans la première poêle (celle qui a cuit le foie). Ajouter 1 cuil. à soupe d'eau, porter à ébullition en grattant les sucs de cuisson à l'aide d'une cuillère en bois et en napper les tranches de foie. Parsemer de persil plat haché.
• Servir aussitôt.

Accompagnement*

3 cuil. à soupe de pommes de terre sautées, par personne.

** Les quantités sont calculées pour une personne mesurant 1,70 m ayant un métier actif. Pour les adapter à votre cas, voir p. 120.*

Boudin noir et écrasée de pommes de terre

Pour 2 personnes

Déjeuner

Préparation : 10 min
Cuisson : 35 min

INGRÉDIENTS

2 parts de boudin noir (170 g chacune)*
400 g de pommes de terre à purée
20 g de beurre
Noix muscade
Sel, poivre du moulin

• Dans une casserole, verser de l'eau froide, y déposer les pommes de terre épluchées et coupées en quatre. Porter à ébullition sur feu vif, saler, baisser le feu pour obtenir une petite ébullition, couvrir et laisser cuire 20 min.

• Égoutter les pommes de terre, les écraser à l'aide d'une fourchette, saler, poivrer, râper 3 pointes de couteau de noix de muscade et parsemer sur les pommes de terre écrasées.

• Réserver dans un saladier allant au four à micro-ondes.

• Piquer les morceaux de boudin à plusieurs endroits pour éviter que la peau n'éclate. Faire fondre 10 g de beurre dans une poêle, ajoutez les boudins et faire cuire environ 15 min, en les retournant plusieurs fois.

• Réchauffer l'écrasée de pommes de terre avec le reste de beurre, au four à micro-ondes.

• Dresser sur chaque assiette les pommes de terre écrasées et déposer dessus les boudins noirs.

Accompagnement*

3 cuil. à soupe d'écrasée de pommes de terre, par personne.

** Les quantités sont calculées pour une personne mesurant 1,70 m ayant un métier actif. Pour les adapter à votre cas, voir p. 120.*

Dîner

Escalopes de dinde à la moutarde au miel

Pour 2 personnes

Préparation : 5 min
Cuisson : 15 min

INGRÉDIENTS

2 escalopes de dinde de 110 g chacune*
2 cuil. à soupe de moutarde au miel
2 cuil. à soupe de vinaigre de miel
10 g de beurre
1 cuil. à soupe d'huile d'olive
Sel, poivre du moulin

• Tartiner les escalopes de moutarde au miel.
• Dans une poêle antiadhésive, faire chauffer l'huile d'olive et le beurre. Quand ils sont chauds, y saisir les escalopes côté moutardé, saler et poivrer. Cuire 1 min à feu vif.
• Pendant ce temps, tartiner l'autre côté des escalopes de moutarde au miel. Les retourner pour les cuire encore 1 min. Baisser le feu et cuire à feu très doux pendant 12 ou 13 min.
• Retirer les escalopes, les poser sur des assiettes chaudes. Déglacer la poêle avec le vinaigre de miel. Verser sur les escalopes et servir.

Accompagnement*

3 cuil. à soupe de purée de ratatouille, par personne.

** Les quantités sont calculées pour une personne mesurant 1,70 m ayant un métier actif. Pour les adapter à votre cas, voir p. 120.*

Sauté de dinde à l'oseille et au lait de coco

Pour 2 personnes

Dîner

Préparation : 10 min
Cuisson : 20 min

INGRÉDIENTS

220 g d'escalope de dinde*
10 g de beurre
10 cl de lait de coco
1 échalote
20 grandes feuilles d'oseille
2 cuil. à soupe d'huile d'olive
Sel, poivre du moulin

- Débarrasser les feuilles d'oseille de leur nervure centrale et hacher l'échalote.
- Émincer en lanières les escalopes de dinde.
- Dans une poêle à fond épais, faire chauffer une cuill. à soupe d'huile d'olive, et le beurre, puis y faire fondre l'échalote à feu moyen.
- Dès que l'échalote est transparente, ajouter l'émincé de dinde, saler, poivrer et le faire saisir à feu vif en le remuant à la cuillère pour bien le rissoler.
- Pendant ce temps, dans une casserole à fond épais, mettre la seconde cuillère à soupe d'huile d'olive.
- Quand elle est chaude, ajouter les feuilles d'oseille, couvrir et laisser fondre à feu moyen.
- Dès que l'oseille est fondue, ajouter le lait de coco, saler, poivrer et verser le tout sur l'émincé de dinde.
- Couvrir et laisser mijoter à feu doux pendant 15 min.

Accompagnement*
1 assiette plate de fonds d'artichaut, par personne.

** Les quantités sont calculées pour une personne mesurant 1,70 m ayant un métier actif. Pour les adapter à votre cas, voir p. 120.*

Dîner

Cuisses de lapin à la moutarde et aux graines de sésame sur lit de tomates

Pour 2 personnes

Préparation : 10 min
Cuisson : 45 min

INGRÉDIENTS

2 cuisses de lapin de 110 g chacune*
6 tomates
2 cuil. à soupe de graines de sésame
2 cuil. à soupe d'huile d'olive
4 cuil. à soupe de moutarde extra-forte
1 cuil. à café de sucre en poudre
Sel, poivre du moulin

• Dans une sauteuse antiadhésive, faire chauffer l'huile d'olive.
• Enduire les cuisses de lapin avec 2 cuil. à soupe de moutarde, les parsemer de graines de sésame, puis les mettre dans la sauteuse. Les faire rissoler de part et d'autre en prenant soin de couvrir la sauteuse pour éviter les projections de moutarde et de graines.
• Pendant ce temps, éplucher les tomates et les couper en huit.
• Débarrasser les cuisses de lapin de la sauteuse, mettre les tomates à la place, ajouter les 2 cuil. de moutarde restantes, saler, poivrer, saupoudrer de sucre en poudre et bien mélanger. Reposer ensuite les cuisses par-dessus et faire cuire à couvert pendant 45 min.
• 10 min avant la fin de la cuisson, on ôtera le couvercle pour réduire la sauce et poivrer.
• Servir dès la fin de la cuisson.

Accompagnement*
1 assiette plate de courgettes, par personne.

** Les quantités sont calculées pour une personne mesurant 1,70 m ayant un métier actif. Pour les adapter à votre cas, voir p. 120.*

Rôti de veau froid

Pour 6 personnes

Préparation : 5 min
Repos : 1 h
Cuisson : 1 h

INGRÉDIENTS

1,5 kg de longe de veau*
2 cuil. à soupe de persil plat haché
2 cuil. à soupe d'estragon ciselé
2 cuil. à soupe de cresson ciselé
2 cuil. à soupe de moutarde à l'ancienne
Sel, poivre du moulin

Pour la vinaigrette moutardée aux herbes
6 brins de persil ciselés
6 brins de ciboulette ciselés
6 brins d'estragon ciselés
1 cuil. à soupe de vinaigre de cidre
1 cuil. à soupe d'huile d'olive
1 cuil. à soupe d'huile de colza
1/2 cuil. à soupe de moutarde

La veille

- Demander à votre boucher de désosser la longe, de badigeonner l'intérieur de moutarde et d'y étaler le hachis d'herbes puis de la ficeler.
- Frotter le rôti avec du sel et du poivre 1 h avant de le mettre au four.
- Préchauffer le four à 180 °C (th. 6).
- Enfourner pour 30 min puis retourner le rôti.
- Verser 1 verre d'eau dans le plat de cuisson, cuire encore 30 min et arroser à la fin.
- Éteindre le four et laisser gonfler le rôti pendant 10 min.
- Laisser refroidir jusqu'au lendemain.
- Servir assaisonné de vinaigrette moutardée aux herbes.
- Compter 110 g de viande, par personne.

Accompagnement*

1 assiette plate de salade de tomates, par personne.

** Les quantités sont calculées pour une personne mesurant 1,70 m ayant un métier actif. Pour les adapter à votre cas, voir p. 120.*

Dîner

Émincé de poulet aux poivres multicolores

Pour 2 personnes

Préparation : 10 min
Cuisson : 8 min

INGRÉDIENTS

220 g d'escalopes de poulet*
1 gousse d'ail
2 cuil. à soupe d'huile d'olive
1 clou de girofle
1 cuil. à soupe de sauce soja
2 cuil. à soupe de miel
1/2 cuil. à café de paprika
Poivres multicolores du moulin (mélange 5 baies)
Sel

• Éplucher l'ail et le presser au presse-ail.
• Couper les escalopes en lanières ou en dés.
• Faire chauffer l'huile d'olive dans une poêle. Ajouter l'émincé de poulet, saler, saupoudrer de paprika et cuire 6 à 8 min à feu moyen en remuant.
• Mélanger le miel et la sauce soja puis verser dans la poêle avec l'ail pressé et le clou de girofle. Bien poivrer. Remuer pour enrober de sauce les morceaux de poulet.
• Servir aussitôt.

Accompagnement*
1 assiette plate de gratin de chou-fleur, par personne.

** Les quantités sont calculées pour une personne mesurant 1,70 m ayant un métier actif. Pour les adapter à votre cas, voir p. 120.*

Poulet rôti à l'huile d'olive et coriandre

Pour 2 personnes

Préparation : 5 min
Cuisson : 45 min

INGRÉDIENTS

1 poulet fermier (1,3 kg)
1 citron (jus)
1 cuil. à soupe de graines de coriandre
3 cuil. à soupe d'huile d'olive
Sel, poivre du moulin

- Préchauffer le four à 200 °C (th. 6-7).
- Placer le poulet dans un plat à rôtir.
- Presser le citron et arroser le poulet avec le jus.
- Disposer les graines de coriandre sur le poulet.
- Arroser le poulet d'huile d'olive, assaisonner.
- Cuire le poulet au four pendant environ 45 min.
- Pour vérifier en fin de cuisson si le poulet est cuit à point, le piquer avec un couteau (il ne doit pas y avoir de sang dans le jus qui sort).
- Découper le poulet et servir aussitôt.

Accompagnement*

3 cuil. à soupe de ratatouille, par personne.

*** Les quantités sont calculées pour une personne mesurant 1,70 m ayant un métier actif. Pour les adapter à votre cas, voir p. 120.***

Dîner

Cuisses de poulet au vinaigre

Pour 2 personnes

Préparation : 15 min
Cuisson : 30 à 35 min

INGRÉDIENTS

2 cuisses de poulet de 220 g chacune*
20 g de beurre
15 cl de crème fraîche
4 carottes
10 petits oignons grelots
1 grosse échalote
1 gousse d'ail
1 cuil. à café de farine
5 cl de vinaigre de vin (ou vinaigre de xérès)
1 cuil. à soupe de concentré de tomate
1 cuil. à café de moutarde forte de Dijon
Sel, poivre

• Émincer l'échalote en tranches fines. Couper les carottes en rondelles.
• Dans une cocotte, faire fondre le beurre, y faire revenir les cuisses de poulet, saler et poivrer.
• Lorsque les morceaux sont dorés des deux côtés, ajouter l'échalote, les carottes, la gousse d'ail en chemise (c'est-à-dire avec sa peau) et les oignons grelots.
• Couvrir la cocotte et faire cuire pendant 10 min.
• Verser ensuite la moitié du vinaigre, couvrir à nouveau et poursuivre la cuisson pendant 10 à 15 min suivant la taille des morceaux de poulet.
• Sortir les morceaux de volaille de la cocotte et ajouter le reste du vinaigre. Réserver.
• Dans un petit bol, mélanger la farine, la moutarde et le concentré de tomate avec 3 cuil. à soupe d'eau. Verser le mélange dans la cocotte et bien remuer.
• Continuer la cuisson pendant 5 min.
• Ajouter la crème et la faire épaissir pendant 2 à 3 min en veillant à bien remuer.
• Remettre les cuisses de poulet pour les réchauffer avant de servir le tout.

Accompagnement*
3 cuil. à soupe de purée de butternut, par personne.

** Les quantités sont calculées pour une personne mesurant 1,70 m ayant un métier actif. Pour les adapter à votre cas, voir p. 120.*

Tous les aliments autorisés

SEMAINE 4

PETIT DÉJEUNER

Le fromage

C'est la semaine des **fromages à pâte molle et croûte lavée.**

.... g (consultez les quantités recommandées selon votre taille, p. 37).

Vous pouvez choisir un fromage pour chaque matin ou un seul pour la semaine, ou encore un assortiment pour toute la semaine :
- chambertin ;
- époisses ;
- livarot ;
- maroilles ;
- munster ;
- pont-l'évêque ;
- rouy.

Le pain

.... g (consultez les quantités recommandées selon votre taille, p. 38).

Pour accueillir ces fromages très crémeux, le meilleur des pains sera le pain Poilâne.

L'huile d'olive

.... cuil. à café d'huile d'olive (consultez les quantités recommandées selon votre taille, p. 39).

De préférence naturelle, pour ne pas risquer de masquer des saveurs particulièrement délicates.

Les boissons

Café, thé, tisane, eau plate, eau pétillante, à volonté mais sans lait ni sucre ni miel ni édulcorant.

Le complément alimentaire

2 gélules de Chrono-Vita+ ou Chrono-vitamines (voir p. 283).

DÉJEUNER

La viande

C'est la semaine du **porc***.

Sous toutes ses formes : palette, filet mignon, échine, côtes, poitrine, jarret... À toutes les sauces, à condition de ne pas consommer plus de 2 cuil. à soupe de sauce.

.... g (consultez les quantités recommandées selon votre taille, p. 43).

À consommer à la maison ou à emporter au bureau (si vous avez accès à un four à micro-ondes)
Échine de porc à la tomate et à tapenade, recette p. 145.
Côtes de porc à l'anis, recette p. 146.

* Les musulmans feront une deuxième semaine de viande blanche ou de charcuterie halal.

Saucisse de Morteau sur purée de petits pois, recette p. 147.
Côtes de porc sauce aigre-douce, recette p. 148.
Grillades de porc aux trois saveurs, recette p. 149.
Grillades de porc au citron, recette p. 150.
Filet mignon de porc à l'estragon, recette p. 151.

À emporter au bureau (à consommer froid)
• Salade composée : dés de côtes de porc, petits pois, vinaigrette à l'estragon.
• Salade composée : dés d'échine de porc, haricots blancs, vinaigrette au curry.

Au restaurant ou à la cantine
• Vous pouvez choisir parmi toutes les recettes de porc (palette, rôti, filet mignon...).
• Mais attention de ne consommer que la quantité recommandée pour votre taille. Et accompagnez votre plat du féculent recommandé pour cette troisième semaine : les féculents frais.

Les féculents

C'est la semaine des **féculents frais**.

.... cuil. à soupe (consultez les quantités recommandées selon votre taille, p. 44).

Suggestions de la semaine :
• petits pois ;
• flageolets.

La boisson

3 grands verres d'eau ; en plus, vous pouvez boire 1 café, 1 thé ou 1 tisane, mais sans lait ni sucre ni miel ni édulcorant.

GOÛTER

Les quantités du goûter sont valables pour tous, quelle que soit la taille.

Les protéines

1 barre de Chrono-protéines ou 1 sachet de Chrono-protéines.

Les fruits et dérivés sucrés

C'est la semaine des **fruits frais**.

Choisissez pour la semaine tous les fruits de saison, y compris les fruits importés, sauf la banane, réservée au sport.

10 cl de fruits frais

Suggestions de la semaine :
- fraises à la fleur d'oranger ;
- pamplemousse au miel ;
- chaud-froid de melon ;
- cocktail de fruits rouges ;
- agrumes au choix ;
- pommes, poires.

La boisson

1 grand verre d'eau.

DÎNER

Le poisson

C'est la semaine des **fruits de mer**.

Comme c'est la dernière semaine d'effort, laissez-vous aller... (sans dépasser vos quantités autorisées !) : crustacés, mollusques, coquillages...

.... cl (consultez les quantités recommandées selon votre taille, p. 48).

Suggestions de la semaine :
- crevettes ;
- gambas ;
- crabe ;
- homard ;
- langouste, langoustines ;
- oursins ;
- coquillages (praires, palourdes, pétoncles, moules, huîtres) ;
- poulpes ;
- calamars ;
- noix de Saint-Jacques.

Idées recettes :
Moules au curry, recette p. 152.
Coquillages sauce safranée, recette p. 153.
Noix de Saint-Jacques aux petits légumes, recette p. 154.
Saint-Jacques et crevettes roses au vermouth, recette p. 156.
Crevettes au curry, recette p. 157.
Moules marinières, recette p. 158.

Les légumes verts

C'est la semaine des **légumes racines.**

……….. cuil. à soupe (consultez les quantités recommandées selon votre taille, p. 50).

Suggestions de la semaine :
- poêlée de radis ;
- céleri-rave au citron ;
- carottes sautées ;
- salsifis à la crème ;
- topinambours sautés.

La boisson

3 grands verres d'eau ; en plus, vous pouvez boire 1 café, 1 thé ou 1 tisane, mais sans lait ni sucre ni miel ni édulcorant.

À vous de jouer !

Pages 142 à 143, vous trouverez votre « journée type personnelle », suivie d'un modèle vous permettant de préparer vos menus au jour le jour.

Phase 1 – Démarrage express

Votre journée type personnelle

Inscrivez vos quantités, selon votre taille (hauteur en centimètres)

SEMAINE 4

Le petit déjeuner

Consultez les quantités recommandées pour votre taille (hauteur en centimètres) p. 37 à 39.

• ...... g de fromage à pâte molle et croûte lavée : époisses, munster, livarot, pont-l'évêque, rouy, maroilles, chambertin... ;
• ...... g de pain frais ;
• ..... cuil. à café d'huile d'olive ;
• boisson à volonté : thé, café, infusion, tisane, eau plate ou pétillante... sans lait ni sucre ni miel ni édulcorant ;
• 2 gélules de Chrono-Vita+ ou de Chrono-vitamines (voir p. 283).

Le déjeuner

Consultez les quantités recommandées pour votre taille (hauteur en centimètres) p. 43 à 44.

• ...... g de viande de porc : côtes, filet mignon, jarret... (ou charcuterie halal)
• ...... cuil. à soupe de féculents frais : petits pois, flageolets, féves...

Le goûter

Au retour de l'appétit, donc aussi tôt ou aussi tard qu'on voudra, c'est le même pour tout le monde !

• 1 barre de Chrono-protéines ou 1 sachet de Chrono-protéines (voir p. 46) ;
• des fruits et dérivés sucrés :
– 10 cl de fruits frais de saison ou d'importation, coupé en morceaux ou épluchés en quartiers (sauf la banane, réservée au

sport) : orange, clémentine, pamplemousse, pomme, poire, fraise, fruits rouges, melon, mangue…

Le dîner

Consultez les quantités recommandées pour votre taille (hauteur en centimètres) p. 48 à 50.

- …… cl de fruits de mer : crevettes, gambas, crabe, homard, langouste, oursins, coquillages (huîtres, moules…), poulpes, calamars, noix de Saint-Jacques… ;
- …… cuil. à soupe de légumes racines : radis, navets, carottes, salsifis, topinambours, céleri-rave…

Les boissons

À volonté : eau plate ou pétillante, thé, café, tisane sans lait ni sucre ni miel ni édulcorant.
Aucune autre boisson, pas plus alcoolisée qu'artificielle.
Donc pas de vin, à l'exception bien sûr du repas joker.

1 repas joker par semaine (voir p. 61)

Pensez aussi que vous avez droit à un repas joker dans la semaine et que vous pourrez à ce moment-là laisser libre cours à vos envies…
Tout est permis y compris entrée, dessert, apéritif et vin à table.
Mais attention, si vous exagérez les quantités et/ou que vous additionnez trop de plats différents, cela ralentira votre perte de poids.

VOTRE SEMAINE 4 au jour le jour

....

(Photocopiez cette page et inscrivez le jour de la semaine)

PETIT DÉJEUNER

• **Fromage :** .... g de ....

• **Pain :** .... g de pain

• **Huile d'olive :** .... cuil. à café d'huile d'olive

• **Boisson :** ....

• **Complément alimentaire :** 2 gélules de Chrono-Vita+ ou Chrono-vitamines (voir p. 283).

DÉJEUNER

• **Viande :** .... g de (porc*) ....
ou .... g de la recette ....

• **Féculents** (féculent frais) **:** .... cuil. à soupe de ....

• **Boisson :** 3 grands verres d'eau
Éventuelle boisson supplémentaire ....

GOÛTER

• **Protéines :** 1 barre ou 1 sachet de Chrono-protéines (voir p. 283)

• **Fruits** (fruits frais) **:** 10 cl de ....

DÎNER

• **Poisson** (fruits de mer) **:** .... cl de ....
ou .... g de la recette ....

• **Légumes verts** (légumes racines) **:** .... cuil. à soupe de ....

• **Boisson :** 3 grands verres d'eau
Éventuelle boisson supplémentaire ....

---

* Les musulmans feront une deuxième semaine de viande blanche ou de charcuterie halal.

Échine de porc à la tapenade et sa fondue de tomates et fenouil*

Pour 2 personnes

Préparation : 10 min
Cuisson : 40 min

INGRÉDIENTS

340 g de petites grillades de porc* dans l'échine
2 tomates
1/2 bulbe de fenouil
1 gousse d'ail
4 cuil. à café de tapenade
1 cuil. à café de graines de fenouil
1/2 cuil. à café d'herbes de Provence
Mélange 3 baies du moulin (poivres blanc et vert et baies roses)
1/2 cuil. à café de sucre en poudre
2 cuil. à soupe d'huile d'olive
Sel

• Éplucher les tomates et les couper en morceaux. Éplucher l'ail, ôter le germe.
• Dans une poêle antiadhésive, faire chauffer l'huile d'olive, ajouter les tomates, les saupoudrer de sucre, parsemer 1/2 cuil. à café de graines de fenouil, les herbes de Provence et l'ail pressé. Saler et poivrer et cuire à feu moyen 15 min.
• Éplucher le 1/2 bulbe de fenouil, le couper et le plonger dans l'eau bouillante pendant 5 min. Égoutter le fenouil et l'ajouter aux tomates. Laisser cuire environ 20 min.
• Dans une autre poêle antiadhésive bien chaude, saisir les grillades à feu vif pendant 5 min. Parsemer du reste de graines de fenouil, saler et poivrer.
• Retourner les grillades, les tartiner de tapenade, baisser le feu et laisser cuire à feu doux 7 à 10 min, suivant l'épaisseur de la viande.
• Servir sans attendre.

Accompagnement*

3 cuil. à soupe de purée de fèves, par personne.

** Les quantités sont calculées pour une personne mesurant 1,70 m ayant un métier actif. Pour les adapter à votre cas, voir p. 144.*

* Du sauté de veau pour les musulmans et ceux qui n'aiment pas le porc !

Côtes de porc à l'anis*

Pour 2 personnes

Préparation : 15 min
Cuisson : 30 min

INGRÉDIENTS

340 g de grillades de porc* dans l'échine
1 tomate
1/2 poivron
2 cuil. à café de graines d'anis
1/2 cuil. à café de sucre en poudre
Poivre de Cayenne
2 cuil. à soupe d'huile d'olive
Sel, poivre du moulin

• Dans une sauteuse antiadhésive, faire chauffer l'huile d'olive avec 1 cuil. à café de graines d'anis.
• Éplucher la tomate et le 1/2 poivron, les couper en dés puis les déposer dans la sauteuse.
• Saler, poivrer, saupoudrer de sucre et ajouter 1 pointe de poivre de Cayenne.
• Couvrir et laisser mijoter à feu doux au moins 30 min.
• Pendant ce temps, faire chauffer une poêle antiadhésive et, quand elle est bien chaude, y saisir les grillades 3 min de chaque côté.
• Baisser le feu, saler, poivrer, parsemer 1/2 cuil. à café de graines d'anis et laisser cuire.
• Au bout de 10 min, retourner les grillades, saler, poivrer, parsemer avec le reste des graines d'anis et les faire cuire encore 10 min.
• Vérifier la cuisson puis les déposer sur les tomates et le poivron dès que ceux-ci sont cuits mais baignent encore dans un peu de jus.
• Arroser avec le jus de cuisson des grillades.

Accompagnement*
3 cuil. à soupe de petits pois, par personne.

** Les quantités sont calculées pour une personne mesurant 1,70 m ayant un métier actif. Pour les adapter à votre cas, voir p. 144.*

* De la côte de veau pour les musulmans et ceux qui n'aiment pas le porc !

Saucisse de Morteau sur purée de petits pois*

Pour 2 personnes

Préparation : 10 min
Cuisson : 1 h

INGRÉDIENTS

340 g de saucisse de Morteau*
100 g de petits pois en boîte
1 cuil. à soupe de crème fraîche
Sel, poivre du moulin

• Piquer la saucisse de Morteau de part en part avec une fourchette, la mettre dans une casserole d'eau frémissante et laisser cuire 15 min.
• Saler avec précaution (certaines saucisses étant très salées, il vaut mieux goûter avant).
• Laisser cuire encore 45 min à couvert.
• Quand la cuisson est terminée, maintenir la saucisse au chaud dans l'eau de cuisson.
• Passer les petits pois égouttés au moulin à légumes.
• Mettre la purée de petits pois dans une casserole, quelques minutes sur feu très doux en mélangeant et ajouter la crème fraîche.
• Découper la saucisse en tranches.
• Répartir sur 2 assiettes très chaudes la purée de petits pois (3 cuil. à soupe par personne) et disposer les rondelles de Morteau dessus. Servir sans attendre.

** Les quantités sont calculées pour une personne mesurant 1,70 m ayant un métier actif. Pour les adapter à votre cas, voir p. 144.*

* Des merguez pour les musulmans et ceux qui n'aiment pas le porc !

Déjeuner

Côtes de porc sauce aigre-douce*

Pour 2 personnes

Préparation : 5 min
Cuisson : 20 min

INGRÉDIENTS

340 g de côtes de porc*
Sauce aigre-douce à la cantonaise (sauce Amora en pot de 420 g)
Marjolaine ou origan
Sel, poivre du moulin

• Faire chauffer une poêle antiadhésive, y saisir les côtes sur les deux faces, parsemer de marjolaine.
• Saler, poivrer.
• Baisser le feu et laisser mijoter 7 min sur chaque face, ajouter la sauce aigre-douce dans la poêle et laisser cuire encore 5 min

Accompagnement*

3 cuil. à soupe de purée de flageolets, par personne.

** Les quantités sont calculées pour une personne mesurant 1,70 m ayant un métier actif. Pour les adapter à votre cas, voir p. 144.*

* Des filets de dinde pour les musulmans et ceux qui n'aiment pas le porc !

Déjeuner

Grillades de porc aux trois saveurs*

Pour 2 personnes

Préparation : 15 min
Cuisson : 25 min

INGRÉDIENTS
340 g de grillades de porc* dans l'échine
1 orange non traitée (zeste)
1/2 orange (jus)
1 doigt de gingembre
2 cuil. à café de miel liquide
1 cuil. à café de poudre d'épices aux 5 parfums
Sel

- Râper le zeste de l'orange.
- Éplucher le gingembre et en râper une bonne cuillerée à café.
- Parsemer une face des grillades avec la poudre de zeste d'orange et de gingembre.
- Mélanger la poudre d'épices avec le miel, puis étaler le mélange en nappage sur les grillades.
- Faire chauffer une poêle antiadhésive, y poser les grillades face nappée au-dessus.
- Lorsque la viande est saisie, mettre à feu doux, ajouter le jus d'orange et laisser cuire pendant 20 min.
- 10 min avant la fin de la cuisson, allumer le gril du four ; à la fin de la cuisson, placer 5 min les grillades sous le gril afin de les caraméliser.

Accompagnement*
3 cuil. à soupe de purée de flageolets, par personne.

** Les quantités sont calculées pour une personne mesurant 1,70 m ayant un métier actif. Pour les adapter à votre cas, voir p. 144.*

* Des grillades d'agneau pour les musulmans et ceux qui n'aiment pas le porc !

Déjeuner

Grillades de porc au citron*

Pour 2 personnes

Préparation : 5 min
Cuisson : 30 min

INGRÉDIENTS
340 g de grillades de porc*
1 citron non traité (zeste et jus)
Sel, poivre du moulin

• Râper le zeste du citron puis presser le citron.
• Faire chauffer une poêle antiadhésive à feu vif et y déposer les grillades pour les saisir.
• Parsemer de la moitié du zeste râpé, saler et poivrer.
• Dès que la face contre la poêle est rissolée, retourner les grillades et les assaisonner avec du sel, du poivre et le reste du zeste.
• Cuire 2 min à feu vif puis baisser le feu et laisser cuire à feu doux pendant 25 min.
• En fin de cuisson, déglacer la poêle avec le jus du citron.

Accompagnement*
3 cuil. à soupe de fèves fraîches, par personne.

** Les quantités sont calculées pour une personne mesurant 1,70 m ayant un métier actif. Pour les adapter à votre cas, voir p. 144.*

* Des cuisses de poulet pour les musulmans et ceux qui n'aiment pas le porc !

Filet mignon de porc à l'estragon*

Pour 2 personnes

Déjeuner

Préparation : 10 min
Cuisson : 45 min

INGRÉDIENTS

340 g de filet mignon de porc*
15 cl de crème liquide
1/2 citron (jus)
1/2 bouquet d'estragon
1 cuil. à soupe d'huile d'olive
10 cl de vin blanc sec
1/2 cuil. à soupe de moutarde forte de Dijon
Sel, poivre

- Préchauffer le four à 190 °C (th. 6-7).
- Disposer le filet mignon de porc dans un plat allant au four..
- L'arroser d'huile d'olive, ajouter le vin blanc, puis enfourner pour 45 min.
- Dans une casserole, faire chauffer la crème à feu moyen, ajouter l'estragon ciselé, la moutarde et le jus de citron.
- Assaisonner.
- Une fois le filet mignon cuit, ajouter un peu de jus de cuisson dans la crème pour lui donner plus de goût.
- Découper le filet mignon en tranches et napper celles-ci de sauce.

Accompagnement*

3 cuil. à soupe de flageolets à la crème, par personne.

** Les quantités sont calculées pour une personne mesurant 1,70 m ayant un métier actif. Pour les adapter à votre cas, voir p. 144.*

* Des escalopes de dinde pour les musulmans et ceux qui n'aiment pas le porc !

Dîner

Moules au curry

Pour 2 personnes

Préparation : 20 min
Cuisson : 6 min

INGRÉDIENTS

50 cl de moules*
1 échalote
1 cuil. à soupe d'huile d'olive
1 cuil. à café bombée de pâte de curry
4 cuil. à soupe de vin blanc

- Hacher l'échalote.
- Dans un faitout, faire chauffer l'huile d'olive, y faire fondre l'échalote et, dès qu'elle est transparente, arroser de vin blanc.
- Ajouter la pâte de curry et bien délayer l'ensemble.
- Ajouter enfin les moules, couvrir le faitout.
- Faire cuire à feu vif en remuant de temps en temps.
- Dès que les moules sont ouvertes elles sont cuites.

Accompagnement*

3 cuil. à soupe de purée de topinambours, par personne.

** Les quantités sont calculées pour une personne mesurant 1,70 m ayant un métier actif. Pour les adapter à votre cas, voir p. 144.*

Coquillages sauce safranée

Pour 2 personnes

Dîner

Préparation : 35 min
Cuisson : 15 min

INGRÉDIENTS

950 g de moules*
300 g de coques*
300 g de bigorneaux*
1 cuil. à café de crème fraîche
1 échalote
1 cuil. à soupe d'huile d'olive
5 cl de vin blanc sec
1 cuil. à café de vinaigre de vin
1/2 dose de safran
1 pointe de piment de Cayenne
Poivre du moulin

- Gratter et laver les moules puis laver les bigorneaux.
- Laver les coques dans plusieurs eaux avec le vinaigre pour bien éliminer le sable.
- Hacher finement l'échalote.
- Faire cuire les bigorneaux dans une casserole d'eau bien salée avec le piment de Cayenne.
- Porter à ébullition à feu vif, baisser ensuite pour maintenir un petit bouillonnement pendant 7 min, puis égoutter et réserver.
- Dans un faitout, faire chauffer l'huile d'olive, y faire fondre l'échalote.
- Quand elle devient transparente, mouiller avec le vin blanc, ajouter les moules et les coques.
- À feu vif et à couvert, laisser les coquillages s'ouvrir en veillant à arrêter la cuisson dès qu'ils sont ouverts, sinon ils deviendraient caoutchouteux.
- Les décoquiller ainsi que les bigorneaux.
- Pendant ce temps, faire réduire le jus de cuisson des moules de moitié, ajouter la crème et le safran, poivrer.
- Faire réchauffer les coquillages dans cette sauce sans faire bouillir.
- Servir sur 2 assiettes chaudes.

Accompagnement*
3 cuil. à soupe de purée de céleri-rave, par personne.

** Les quantités sont calculées pour une personne mesurant 1,70 m ayant un métier actif. Pour les adapter à votre cas, voir p. 144.*

Noix de Saint-Jacques aux petits légumes

Pour 2 personnes

Dîner

Préparation : 20 min
Cuisson : 35 min

INGRÉDIENTS

340 g de noix de Saint-Jacques* avec corail
100 g de carottes
150 g de poireaux
2 branches de céleri
1 oignon
1 gousse d'ail
1 échalote grise
2 branches de thym
1 feuille de laurier
2 branches de persil
1 cuil. à soupe d'huile d'olive
20 cl de vin blanc sec
10 cl de vermouth
Sel, poivre du moulin

Préparation des légumes

- Éplucher tous les légumes.
- Laver les poireaux, les couper en deux et ne garder que 2 cm de vert.
- Couper les carottes en rondelles fines et le céleri en tronçons de 2 cm, émincer finement l'oignon et l'échalote.
- Dans une casserole à fond épais, faire chauffer l'huile d'olive, y faire fondre l'échalote et l'oignon.
- Lorsqu'ils sont transparents, ajouter le céleri, les poireaux et les carottes, faire suer en remuant pendant 2 à 3 min.
- Verser alors le vin blanc, le vermouth et 50 cl d'eau.
- Ajouter les herbes, saler, poivrer, porter à ébullition et maintenir celle-ci pendant 30 min à découvert jusqu'à ce que les carottes soient tendres.

Pendant ce temps

- Laver soigneusement les noix de Saint-Jacques pour éliminer tout le sable et séparer le corail.
- Couper chaque noix de Saint-Jacques en deux dans le sens de l'épaisseur.
- Dès que les carottes sont tendres, verser les noix de Saint-Jacques dans la casserole, laisser l'ébullition reprendre et faire cuire 3 min.
- Ajouter le corail en l'enfouissant, recuire 3 min et rectifier l'assaisonnement.
- Servir dans des assiettes creuses bien chaudes.

Accompagnement*

3 cuil. à soupe de carottes Vichy, par personne.

** Les quantités sont calculées pour une personne mesurant 1,70 m ayant un métier actif. Pour les adapter à votre cas, voir p. 144.*

Dîner

Saint-Jacques et crevettes roses au vermouth

Pour 2 personnes

Préparation : 5 min
Cuisson : 6-7 min

INGRÉDIENTS

200 g de petites noix de Saint-Jacques*
140 g de crevettes roses décortiquées
10 g de beurre
1 cuil. à soupe de crème fraîche
1 cuil. à café d'huile d'olive
2 cuil. à soupe de vermouth
Sel, poivre

• Dans une poêle faire fondre le beurre avec l'huile d'olive.

• Quand le beurre et l'huile sont chauds, mettre dans la poêle les noix de Saint-Jacques et les cuire à feu vif.

• Au bout de 4 à 5 min, ajouter les crevettes, saler, poivrer, arroser de vermouth et cuire encore 2 min.

• Incorporer alors la cuillerée de crème fraîche en la mélangeant à la spatule pour enrober de sauce les fruits de mer.

• Les servir aussitôt sur des assiettes chaudes.

Accompagnement*

3 cuil. à soupe de purée de navets, par personne.

** Les quantités sont calculées pour une personne mesurant 1,70 m ayant un métier actif. Pour les adapter à votre cas, voir p. 144.*

Crevettes au curry

Pour 2 personnes

Préparation : 10 min
Cuisson : 30 min

INGRÉDIENTS

340 g de crevettes* décortiquées
4 navets de taille moyenne
1 oignon
1 noix de beurre
1 cuil. à soupe de curry
Sel, poivre

- Éplucher et émincer l'oignon à l'aide d'un couteau bien aiguisé, éplucher les navets.
- Remplir d'eau une casserole, y déposer les navets épluchés, porter l'eau à ébullition, saler, laisser cuire à petit bouillon pendant environ 15 min, retirer les navets et les hacher en purée.
- Faire chauffer le beurre dans la poêle pour faire revenir l'oignon jusqu'à ce qu'il devienne transparent.
- Ajouter les crevettes et le curry, saler, poivrer et laisser cuire à feu doux.
- Au bout de 10 min, ajouter 6 cuil. à soupe de purée de navets, faire cuire encore 5 min à feu doux.
- Servir bien chaud.

** Les quantités sont calculées pour une personne mesurant 1,70 m ayant un métier actif. Pour les adapter à votre cas, voir p. 144.*

Dîner

Moules marinière

Pour 2 personnes

Préparation : 15 min
Cuisson : 10 min

INGRÉDIENTS

50 cl de moules*
3 échalotes hachées finement
1/2 bouquet de persil plat haché
2 branches de thym
2 feuilles de laurier
20 g de beurre
20 cl de vin blanc sec
Poivre du moulin

• Nettoyer soigneusement les moules sous un filet d'eau courante et ne surtout pas les laisser dans l'eau, elles s'ouvriraient et perdraient leur jus.

• Tirer sur les filaments pour les éliminer et jeter les moules qui ne se referment pas quand on les cogne légèrement.

• Chauffer le beurre dans une grande casserole, y faire fondre les échalotes 2 à 3 min, ajouter la moitié du persil haché, le thym, le laurier, le vin blanc et du poivre, amener à ébullition.

• Ajouter les moules et les faire ouvrir à feu vif en remuant pour qu'elles soient toutes soumises à la même chaleur.

• Lorsqu'elles sont ouvertes, retirer les moules à l'aide d'une écumoire et les mettre dans des assiettes creuses, les parsemer du reste de persil haché.

• Attention ! Il reste souvent du sable dans le fond de la casserole, il est conseillé de filtrer le jus à travers un linge fin posé sur une passoire avant de le verser sur les moules qu'on servira sans attendre.

Accompagnement*

3 cuil. à soupe de purée de racines de persil, par personne.

** Les quantités sont calculées pour une personne mesurant 1,70 m ayant un métier actif. Pour les adapter à votre cas, voir p. 144.*

ET MAINTENANT, QUE FAIRE ?

■ *Le point sur votre poids*

Vous voici parvenu au terme de ces quatre semaines pendant lesquelles vous avez pu découvrir qu'on peut très bien mincir à toute vitesse...

Tout en gardant belle allure et sans perdre le plaisir de manger de façon agréable. Il vous reste cependant à faire le point sur les résultats obtenus pendant cette période.

Mesurer sans erreur votre perte de poids sera facile, à condition toutefois de vous peser sur la même balance, au même moment et dans les mêmes conditions qu'au départ. C'est-à-dire :

– le matin, au lever ;
– en tenue d'Ève... ou d'Adam ;
– le même jour que la fois précédente ;
– après être passé aux toilettes ;
– avant de prendre votre petit déjeuner.

Check-list certes un peu longue, mais indispensable pour un contrôle rigoureux.

On inscrit ci-dessous la performance...

Et tant pis si elle n'est pas mirobolante, la variation des volumes sera peut-être réconfortante !

J'ai perdu en 4 semaines :...................... kilos.

Les résultats

• **Vous avez perdu entre 4 et 8 kilos (et même plus)...** C'est parfait !

Mais quel que soit votre poids restant à perdre, ne continuez surtout pas la phase 1 *Démarrage express* et faites obligatoirement au moins deux semaines de phase 2 *Intermédiaire* avant de reprendre la phase 1.

• **Vous avez perdu entre 0 et 4 kilos...**

Ne vous désespérez pas, si vous étiez mangeur de légumes avant cette phase 1, vous avez sans doute perdu plus de volume que de poids. Vous pourrez l'évaluer en comparant vos mensurations dans le bilan des formes (voir p. 61).

Mais si ce faible résultat est dû à des écarts, vous pouvez tenter une deuxième fois votre chance avant de passer à la phase 2 *Intermédiaire*.

• **Vous avez pris des kilos au lieu d'en perdre...** Rien ne va plus !

La première chose à faire dans votre cas sera de vérifier comment vous avez réellement géré votre programme.

Pour cela, une seule solution : tout reprendre à zéro et noter chaque jour, le soir avant d'aller vous coucher, tout ce que vous avez mangé et bu dans la journée.

– **S'il y a des erreurs manifestes**, vous êtes votre pire ennemi et il faudra vous réconcilier avec vous-même, au besoin en allant solliciter l'aide d'un sophrologue ou d'un psychothérapeute.

– **Si en revanche tout semble normal**, vous serez lavé de tout soupçon.

Mais, dans ce cas, il sera absolument nécessaire de faire appel à un chrono-nutritionniste ou à un chrono-expert (voir p. 283). Celui-ci fera effectuer un contrôle très précis de votre métabolisme, tirera les conclusions de ses recherches et pourra vous guider efficacement dans votre démarche.

Le point sur vos formes

En comparant vos mensurations avant et après la phase 1, vous pourrez évaluer très précisément les modifications de votre silhouette et apprécier ainsi les progrès accomplis. Pour cela, il vous suffira de prendre vos mensurations en vous conformant aux indications suivantes :

Ma silhouette :

	Avant	Après	Différence
Tour de poitrine	.... cm	.... cm	.... cm
Tour de taille	.... cm	.... cm	.... cm
Tour de hanches	.... cm	.... cm	.... cm

Vous pouvez d'ores et déjà vous réjouir si vous avez perdu 4 cm au niveau de chaque paramètre, cela représente 1 taille ! Mais l'idéal est bien entendu de perdre harmonieusement du volume. Donc il vaudra mieux faire 2 cm de moins partout plutôt que 6 cm à un seul endroit, ce qui rendrait votre silhouette moins harmonieuse (sauf si celui-ci était plus volumineux que le reste de votre corps !). Mais rassurez-vous, cela ne devrait pas vous arriver si vous avez suivi sagement mes recommandations… ce dont je ne doute pas !

Vous retrouverez dans *Mincir en beauté grâce à la Morphonutrition* des indications pour interpréter vos résultats et la manière de mesurer et de gérer votre silhouette.

Vous avez victorieusement franchi la première étape, vous pouvez donc maintenant passer sans problème à la phase 2 *Intermédiaire*.

2

LA PHASE INTERMÉDIAIRE

■ *Une étape palier*

Il ne s'agit plus maintenant de réduire à leur minimum vital les portions alimentaires mais de les ramener à une valeur intermédiaire.

Il est possible que vous mincissiez un peu moins vite pendant cette deuxième étape, encore que, dans l'élan de la première étape et grâce à celle-ci, vous ayez sans aucun doute réduit le volume de votre estomac, vous amenant ainsi l'avantage d'un appétit plus rapide à satisfaire.

Vous allez donc augmenter la quantité de vos trois catégories d'aliments principaux :

– **fromage** le matin ;
– **viande** sous toutes ses formes, y compris charcuterie, abats et œufs le midi ;
– **poisson** ou fruits de mer le soir.

Ce qui va vous permettre de supprimer les barres ou les sachets de protéines, et de réduire de moitié l'apport en vitamines et oligoéléments à une seule gélule le matin au lieu de deux, sans revenir pour l'instant aux quantités qui seront autorisées dans votre dernière étape, celle-ci vous amenant à votre Chrono-nutrition de croisière.

Vous allez également retrouver un goûter où le « gras végétal » va faire son apparition pour compenser la suppression des protéines en sachets ou en barres.

Cependant, tous les autres aliments (notamment les accompagnements) resteront dans la même quantité, sauf évolution de votre activité nécessitant une refonte complète de votre programme. Ces aliments « complémentaires » sont en effet destinés à compléter votre alimentation, non à en assurer la base.

C'est d'ailleurs leur trop grande proportion dans votre programme alimentaire qui est la principale responsable de vos prises de poids et de volume, votre silhouette se modifiant à différents endroits de votre corps suivant la nature des aliments complémentaires dont vous avez exagéré la quantité.

La durée de cette phase peut varier de 2 à 4 semaines (voir p. 10).

Le programme de la phase 2

LE PETIT DÉJEUNER

- Fromage
- Pain
- Huile d'olive
- Boissons

+ 1 gélule de Chrono-Vita+ ou de Chrono-vitamines (voir p. 283).

■ *Fromage*

Votre part sera égale à votre taille (hauteur) en centimètres convertie en grammes, moins 80 g (par exemple, une personne de 1,70 m pourra prendre 170-80 = 90 g de fromage).

Fromage

Votre taille en centimètres	Quantité
150 cm ou moins	70 g
160 cm	80 g
170 cm	90 g
180 cm	100 g
190 cm et plus	110 g

Tous les fromages sont bons et utiles

À pâte fleurie, pâte pressée, pâte persillée, pâte molle et croûte lavée... Choisissez-les en fonction de vos goûts et de vos envies, sans jamais vous préoccuper de connaître leur pourcentage en corps gras.

En revanche, et vous le savez déjà, tous les autres laitages (yaourt, fromage blanc, petit-suisse, etc.) qui contiennent du lactose, sont interdits.

Si vous n'aimez pas le fromage

Remplacez-le par :

– **1 œuf** (dur, mollet, sur le plat ou brouillé)

et

– .... g de **charcuterie** (saucisson, rillettes, pâtés de toute nature, andouille, mortadelle ou jambon fumé). Le poids sera égal au poids que vous auriez pris en fromage, soit votre taille en centimètres moins 80 g.

■ *Pain*

La moitié du poids de votre portion de fromage calculée en p. 167 (par exemple, une personne de 1,70 m pourra prendre 45 g de pain).

Pain

Votre taille en centimètres	Quantité
150 cm ou moins	environ 35 g
160 cm	environ 40 g
170 cm	environ 45 g
180 cm	environ 50 g
190 cm et plus	environ 55 g

Renouez avec le bon pain, ce sucre lent indispensable. Contrairement aux sucres rapides, trop vite brûlés au petit déjeuner par l'organisme, les sucres lents sont un carburant beaucoup mieux utilisé. Ils permettent la mise en place du métabolisme des graisses, que le feu de paille des sucres rapides ferait capoter.

Tous les pains sont bons pourvu qu'on n'y ait pas ajouté de sucres rapides.

Donc **souvenez-vous bien que les biscottes, pains grillés industriels, pains de mie et autres pains anglais ou américains sont interdits.**

On mangera donc du pain blanc croustillant ou du pain de campagne, pain au son, pain aux céréales, pain épis…

Si vous avez des difficultés de transit intestinal, renoncez au pain blanc et choisissez un pain riche en fibres : pain au son ou pain complet.

Si vous n'aimez pas le pain

Vous pouvez le supprimer. Mais si vous ne lui substituez pas un autre végétal riche en protéines végétales et en sucres lents, vous risquez de vous sentir affaibli en fin de matinée.

Vous le remplacerez donc par d'autres céréales (riz, semoule, pâtes…) en prenant le même poids, pesées cuites, que celui du pain et en faisant attention à ce que ce soient des céréales naturelles et non sucrées.

■ *Huile d'olive*

1 cuil. à soupe pour tous.

À prendre sur le pain ou à la cuillère, selon vos goûts.

Rappelons que les graisses saturées contenues dans l'huile d'olive seront métabolisées dans la journée et transformées en gras polyinsaturés pour être incorporées par les membranes cellulaires. En revanche, prises le soir, les graisses sont stockées et inhibent l'hormone de croissance.

Si vous n'aimez pas l'huile d'olive

Remplacez-la tout simplement par 10 à 12 g de beurre.

Sauf si vous êtes victime d'une hypercholestérolémie génétique, l'acide butyrique contenu dans le beurre étant alors particulièrement néfaste à votre organisme, même si l'acide myristique est quant à lui bénéfique. Il vous restera dans ce cas la solution d'augmenter la quantité de fromage de 20 g.

■ *Boissons*

Pas de changement pour la boisson : café, thé, tisane, eau plate ou pétillante... À volonté, avec les mêmes interdictions : ni lait ni sucre ni miel ni édulcorant.

Du café et du thé à volonté

– Le café et sa caféine, que je préfère boire allongé en préparant un café serré auquel je vais ajouter la même quantité d'eau très chaude.

– Tout comme j'aime le thé et sa théine, mais toujours de couleur orange, c'est-à-dire infusé quelques dizaines de secondes pas plus, pour éviter l'amertume des tannins.

Et de la crème, si vous voulez

Oubliez le lait, je vous l'ai déjà dit, et remplacez-le par 1 cuil. à soupe de crème.

Et toujours pas de sucre. Bien entendu, les faux sucres et les édulcorants restent totalement interdits !

■ *Complément alimentaire*

N'oubliez pas l'importance de 1 gélule de Chrono-Vita+ ou Chrono-vitamines (voir p. 283) qui vous apporteront les vitamines et oligoéléments indispensables à l'équilibre de votre métabolisme en cette phase de modification rapide de vos habitudes alimentaires.

LE DÉJEUNER

• Viande • Féculents • Boissons Pas d'entrée, pas de salade, pas de fromage, pas de dessert, pas de vin, pas de pain.

Consolidez la construction de votre journée

Le déjeuner va être toujours aussi court, mais solide et efficace. Et même s'il est plus abondant en viande que le déjeuner de la phase 1, il n'entraînera toujours pas de somnolence ou de lourdeur comme peut le faire un repas trop copieux ou mal équilibré. Manger lourd (dense), sans manger ni trop ni mal, implique d'abord de manger simplement.

Le déjeuner doit suffire à compléter les apports en énergie et en acides aminés du petit déjeuner, afin de permettre au corps de les stocker pour les utiliser dans la nuit jusqu'au lendemain matin, où tout sera à recommencer.

Aussi simple que nourrissant et aussi savoureux que simple, le déjeuner devra donc se composer de protéines animales et de féculents.

Viande

Votre portion pesée crue sera égale à votre taille (hauteur) en centimètres, convertie en grammes + 50 g (par exemple, une personne de 1,70 m pourra prendre 220 g de viande, quelle que soit la nature de celle-ci).

Viande

Votre taille en centimètres	Quantité
150 cm ou moins	200 g, pesée crue
160 cm	210 g, pesée crue
170 cm	220 g, pesée crue
180 cm	230 g, pesée crue
190 cm et plus	240 g, pesée crue

Si vous n'aimez pas la viande

Faites l'association suivante :

En premier : du poisson, gras de préférence, pesé cru

Votre taille (hauteur) en centimètres, convertie en grammes, pas plus.

Ensuite de la viande, de la charcuterie ou des abats, pesés crus

Au moins votre taille (hauteur) en centimètres, convertie en grammes.

En dernier, les féculents

La quantité recommandée pour votre taille (voir p. 176), pas plus.

Variante
Poisson gras + Viande ou charcuterie ou abats
Pour remplacer le plat unique de viande

1) En premier

Poisson gras

Votre taille en centimètres	Quantité maxi
150 cm ou moins	150 g, pesé cru
160 cm	160 g, pesé cru
170 cm	170 g, pesé cru
180 cm	180 g, pesé cru
190 cm et plus	190 g, pesé cru

2) En deuxième

Viande, charcuterie ou abats

Votre taille en centimètres	Quantité
150 cm ou moins	150 g, pesé cru
160 cm	160 g, pesé cru
170 cm	170 g, pesé cru
180 cm	180 g, pesé cru
190 cm et plus	190 g, pesé cru

3) En troisième

Féculents cuits

Votre taille en centimètres	Quantité
150 cm ou moins	1 cuil. à soupe
160 cm	2 cuil. à soupe
170 cm	3 cuil. à soupe
180 cm	4 cuil. à soupe
190 cm et plus	5 cuil. à soupe

Ou encore

Mais dans ce cas il ne faut pas que votre taux de cholestérol dépasse 1,80 g/l, essayez cette association (sans dépasser les quantités) :

En premier : du fromage

Votre taille (hauteur) en centimètres, convertie en grammes – 100 g.

Ensuite : du poisson, gras de préférence, pesé cru

Votre taille (hauteur) en centimètres, convertie en grammes + 100 g.

En dernier, les féculents

La quantité recommandée pour votre taille (voir p. 176), pas plus.

Variante
Fromage – Poisson gras
Pour remplacer la viande

1) En premier

Fromage

Votre taille en centimètres	Quantité
150 cm ou moins	50 g
160 cm	60 g
170 cm	70 g
180 cm	80 g
190 cm et plus	90 g

2) En deuxième

Poisson gras

Votre taille en centimètres	**Quantité**
150 cm ou moins	250 g, pesé cru
160 cm	260 g, pesé cru
170 cm	270 g, pesé cru
180 cm	280 g, pesé cru
190 cm et plus	290 g, pesé cru

3) En troisième

Féculents cuits

Votre taille en centimètres	**Quantité**
150 cm ou moins	1 cuil. à soupe
160 cm	2 cuil. à soupe
170 cm	3 cuil. à soupe
180 cm	4 cuil. à soupe
190 cm et plus	5 cuil. à soupe

■ *Féculents*

– féculents secs (lentilles, flageolets, haricots cocos, haricots Soissons, haricots rouges, pois cassés, pois chiches...) ;

– féculents frais (petits pois, fèves fraîches...).

La quantité de féculents reste la même qu'en phase 1.

Selon votre taille (les quantités sont données pour des féculents cuits) :

Féculents	
Votre taille en centimètres	**Quantité**
150 cm ou moins	1 cuil. à soupe
160 cm	2 cuil. à soupe
170 cm	3 cuil. à soupe
180 cm	4 cuil. à soupe
190 cm et plus	5 cuil. à soupe

Si vous préférez les céréales

– pâtes (fraîches et sèches) ;
– riz (blanc, complet) ;
– semoules (de blé ou de maïs).

Vous pouvez remplacer les féculents par des céréales.

Les quantités dépendent toujours de votre taille et sont données pour des céréales cuites :

Céréales cuites	
Votre taille en centimètres	**Quantité**
150 cm ou moins	1 cuil. à soupe
160 cm	2 cuil. à soupe
170 cm	3 cuil. à soupe
180 cm	4 cuil. à soupe
190 cm et plus	5 cuil. à soupe

■ *Boissons*

Pas de vin, pas de boissons sucrées. Mais vous pouvez prendre de l'eau plate ou gazeuse, du thé, des tisanes et du café, sans lait ni sucre ni miel ni édulcorant.

LE GOÛTER

- Gras végétaux
- Fruits et dérivés sucrés
- Boissons

Il doit servir à compenser votre dépense d'énergie de l'après-midi.

Vous ne devez donc surtout pas le prendre avant d'avoir faim.

Autres précautions : vous ne devez jamais l'augmenter et, s'il y a plus de 6 heures que vous avez déjeuné, vous devrez absolument diminuer de moitié les quantités des gras végétaux et dérivés sucrés.

N'oubliez pas qu'il doit être uniquement végétal, ce qui exclut tous les aliments contenant des graisses et protéines animales (beurre, crème, lait), qu'il s'agisse de biscuits, viennoiseries ou crèmes en tous genres.

– **les gras végétaux** (chocolat, amandes, noisettes, olives, avocat...), apaisants et dont le pouvoir coupe-faim bien connu va prévenir un excès d'appétit le soir ;

– **les fruits et leurs dérivés sucrés**, dont l'action tonique et défatigante va permettre de mieux gérer les dernières heures d'activité.

Le goûter permettra entre autres de contrecarrer d'intempestives fringales nocturnes comme les grignotages devant la télé ou au cinéma. Mais son rôle essentiel étant de calmer un retour physiologique et tout à fait naturel de l'appétit, il ne faudra surtout pas en ritualiser l'heure, ce qui lui ôterait son but essentiel de coupe-faim.

Il vous faudra également obéir scrupuleusement à deux règles :

- **Ne jamais sauter le goûter**
- **Attendre d'avoir faim pour goûter**

Précision importante, le goûter est le même pour tout le monde. La variable de ce goûter n'est pas sa quantité mais le moment où on le prendra. C'est là une des conditions indispensables de la réussite dans votre démarche vers un rééquilibrage correct de votre alimentation et malheureusement la plus fréquemment ignorée.

Dans trois cas d'échecs sur quatre, le goûter est en cause : pris trop tôt, ou incomplètement, ou pire encore superbement ignoré.

■ *Gras végétaux*

Vous aurez le choix entre :

• 30 g de chocolat noir et à plus de 70 % de cacao

– ou 2 cuil. à soupe de graines non salées (amandes, noisettes, noix de pécan, noix de cajou, pistaches…) ;

– ou 2 cuil. à soupe d'olives (noires, vertes, violettes…) ;

– ou 1 avocat entier (attention : il existe de très gros avocats notamment dans l'île de la Réunion, et dans ce cas ce sera 1/2), au sucre ou à la vinaigrette.

■ *Fruits et dérivés sucrés*

• 2 fruits frais
– ou 12,5 cl de compote ou salade de fruits ;
– ou 2 cuil. à soupe de fruits secs : dattes, figues, pruneaux, raisins, abricot, ou fruits tropicaux séchés ;
– ou 2 cuil. à soupe de miel ou de confiture ;
– ou 2 cuil. à soupe de crème de marron ;
– ou 2 calissons d'Aix ;
– ou 2 loukoums ;
– ou 2 verres (de 12,5 cl) de jus de fruit frais.

Je vous rappelle que vous ne devez goûter qu'à partir du retour de l'appétit et notez bien que, s'il y a plus de 6 heures que vous avez déjeuné, vous devrez diminuer de moitié les deux parties de ce goûter, même si vous ne dînez pas ensuite.

■ *Boissons*

Pas de vin, pas de boissons sucrées. Mais vous pouvez prendre de l'eau plate ou gazeuse, du thé, des tisanes et du café, sans lait ni sucre ni miel ni édulcorant.

LE DÎNER

• Poisson
• Légumes
• Boissons

Comme je le répète souvent, le dîner **n'est en aucun cas obligatoire**. Vous ne devez absolument pas en faire un rituel et vous ne devez le prendre que si vous avez réellement faim.

L'aliment principal devra toujours rester le poisson (gras ou maigre) ou les fruits de mer, la viande blanche ne pouvant les remplacer qu'occasionnellement.

Poisson

La portion peut varier de votre taille (hauteur) en centimètres convertie en grammes si vous avez peu faim, jusqu'à votre taille + 100 g si vous avez très faim (par exemple, une personne de 1,70 m pourra prendre de 170 à 270 g de poisson, pesé cru).

Poisson

Votre taille en centimètres	Quantité
150 cm ou moins	de 150 g à 250 g, pesé cru
160 cm	de 160 g à 260 g, pesé cru
170 cm	de 170 g à 270 g, pesé cru
180 cm	de 180 g à 280 g, pesé cru
190 cm et plus	de 190 g à 290 g, pesé cru

– ou fruits de mer

Fruits de mer

de 25 cl à 50 cl
quelle que soit votre taille

– ou viande blanche

Votre portion sera égale à votre taille (hauteur) en centimètres, convertie en grammes, moins 50 g (par exemple, une personne de 1,70 m pourra prendre 120 g de viande blanche, pesée crue, et de préférence sans sauce).

Viande blanche

Votre taille en centimètres	Quantité
150 cm ou moins	pas plus de 100 g, pesé crue
160 cm	pas plus de 110 g, pesé crue
170 cm	pas plus de 120 g, pesé crue
180 cm	pas plus de 130 g, pesé crue
190 cm et plus	pas plus de 140 g, pesé crue

Légumes

Suivant votre taille, qu'il soient crus ou qu'il soient cuits.

Légumes

Votre taille en centimètres	Quantité
150 cm ou moins	1 cuil. à soupe
160 cm	2 cuil. à soupe
170 cm	3 cuil. à soupe
180 cm	4 cuil. à soupe
190 cm et plus	5 cuil. à soupe

ou 1 assiette plate de **salade verte**, en vinaigrette.

Vous aurez soigneusement noté chacune des quantités des différents aliments composant votre programme alimentaire.

Il ne vous reste plus qu'à les reporter sur la page récapitulant votre programme quotidien.

■ *Boissons*

Pas de vin, pas de boissons sucrées. Mais vous pouvez prendre de l'eau plate ou gazeuse, du thé, des tisanes et du café, sans lait ni sucre ni miel ni édulcorant.

Les tisanes	
Pour changer du thé et du café, dont l'effet tonifiant est bien connu, mais qui peuvent aussi provoquer des chutes de glycémie si on les prend loin des repas, essayez les tisanes dont certaines sont d'excellents aide-minceur.	
MINCE	Bardane - Guarana - Persil - Sureau noir
ANTI-CELLULITE	Chardon-marie - Fenouil - Frêne - Fucus - Guarana - Lierre - Orthosiphon - Piloselle - Queue de cerise - Reine-des-près
ANTI-RÉTENTION D'EAU - DRAINANTE	Artichaut - Fenouil - Frêne - Piloselle - Tilleul
DIGESTIVE	Anis vert - Badiane - Basilic - Fenouil - Marjolaine - Mélisse - Menthe poivrée - Romarin - Thym - Verveine
VENTRE PLAT	Artichaut - Fenouil - Mélisse - Menthe pouliot - Réglisse - Romarin
JAMBES LÉGÈRES	Cyprès - Hamamélis - Millefeuille - Piloselle - Vigne rouge
RELAXANTE - APAISANTE	Citronnelle - Fleur d'oranger - Marjolaine - Passiflore - Romarin - Tilleul - Valériane - Verveine

À vous de jouer !

Pages 184 à 185, vous trouverez votre « journée type personnelle ».

Phase 2 – Intermédiaire

Votre journée type personnelle

Inscrivez vos quantités, selon votre taille (hauteur en centimètres)

Le petit déjeuner

Consultez les quantités recommandées pour votre taille (hauteur en centimètres) p. 167 à 170.

• .... g de fromage ou 1 œuf + ... g de charcuterie ;
• .... g de pain ;
• 1 cuil. à soupe d'huile d'olive ou 10 à 12 g de beurre doux ou salé ;
• boissons à volonté : thé, café, infusion, tisane, eau plate ou pétillante... sans lait ni sucre ni miel ni édulcorant ;
• 2 gélules de Chrono-Vita+ ou de Chrono-vitamines (voir p. 283).

Le déjeuner

Consultez les quantités recommandées pour votre taille (hauteur en centimètres) p. 172 à 176.

• .... g de viande ou .... g de poisson gras + ... g de viande, charcuterie ou abats ; ou .... g de fromage + ... g de poisson gras ;
• .... cuil. à soupe de féculents ou .... cuil. à soupe de céréales.

Le goûter

Pas avant d'avoir faim et aussi tard qu'on voudra, c'est le même pour tout le monde !

• des gras végétaux :

– 30 g de chocolat noir : pur, aux noisettes, aux fruits, à la pâte d'amande ou autre fantaisie, du moment que c'est du chocolat noir et qu'il contient au moins 70 % de cacao ;
– ou 2 cuil. à soupe de graines non salées (noix, noisettes, pignons, sésame, noix de pécan, pistaches, cacahuètes, noix de cajou...) ;

- ou 2 cuil. à soupe d'olives (noires, vertes, violettes) ;
- ou 1 avocat entier (s'il est gros, 1/2), au sucre ou à la vinaigrette.

• des fruits et dérivés sucrés :

- 2 fruits frais ;
- ou 12,5 cl de compote ou salade de fruits ;
- ou 2 cuil. à soupe de fruits secs : dattes, figues, pruneaux, raisins, abricots ou fruits tropicaux séchés ;
- ou 2 cuil. à soupe de miel ou de confiture ;
- ou 4 calissons d'Aix ;
- ou 2 loukoums ;
- ou 2 verres (de 12,5 cl) de jus de fruit frais.

Le dîner

Consultez les quantités recommandées pour votre taille (hauteur en centimètres) p. 180 à 181.

• .... g de poisson gras ou maigre ou 1 bol de 25 cl à 50 cl de fruits de mer ; ou .... g de viande blanche, de préférence sans sauce ;

• .... cuil. à soupe de légumes verts, crus ou cuits et qui peuvent être dans les deux cas en vinaigrette ;

- ou 1 assiette plate de salade verte, en vinaigrette.

Les boissons

À volonté : eau plate ou pétillante, thé, café, tisane... sans lait ni sucre ni miel ni édulcorant.

Aucune autre boisson, pas plus alcoolisée qu'artificielle.

Donc pas de vin, à l'exception bien sûr du repas joker.

1 repas joker par semaine (voir p. 61)

Je pense en effet plus prudent pour cette étape intermédiaire de rester sur 1 seul joker par semaine.

N'oubliez pas que vous n'avez pas encore fini d'apprendre à mincir et que les mauvaises habitudes sont très vite reprises.

Tout est permis y compris entrée, dessert, apéritif et vin à table.

■ *Changez de plats tous les jours*

Vous avez appris à varier vos aliments chaque semaine, il faut maintenant apprendre à les diversifier tous les jours. Une semaine bien conduite devrait idéalement ne jamais comporter deux fois le même aliment.

Ce qui signifie que vous aurez mangé dans la semaine :

– le matin, 7 fromages différents et 7 huiles d'olives différentes (seul le pain ne changera pas) ;

– au déjeuner, 7 viandes différentes et 7 féculents différents ;

– au goûter, 7 gras végétaux différents et 7 variétés de fruits différentes ;

– au repas du soir, 7 poissons (ou fruits de mer) différents et 7 légumes différents.

Cela présentera évidemment l'avantage de ne pas vous lasser rapidement, mais surtout celui de contribuer à la qualité de notre alimentation, meilleure pour l'organisme lorsqu'elle est variée.

Et quelle que soit l'étape dans laquelle vous vous trouvez, n'hésitez pas à agrémenter vos plats en choisissant à votre gré leurs modes de cuisson et en les accompagnant d'une sauce.

Variez les modes de cuisson. Selon leur nature et vos goûts, vos aliments pourront donc être grillés, bouillis, rôtis, sautés, poêlés, braisés, cuits à la vapeur ou en papillotes.

N'oubliez pas les sauces. Préparées à la maison ou achetées (voir p. 60).

3

LA PHASE ÉQUILIBRE

INTRODUCTION À L'USAGE DE CELLES ET CEUX QUI ONT DÉJÀ MINCI

Vous avez vite minci et bien minci, bravo !

Mais pour éviter de reprendre du poids vous êtes prié de ne pas recommencer à mettre n'importe quoi et à n'importe quel moment dans votre assiette, sous prétexte qu'ayant réussi vos deux stages de réorganisation alimentaire, vous êtes libéré de toute obligation nutritionnelle... Et si vous vous avisez de remanger en oubliant vos deux phases d'apprentissage préliminaire, c'est raté pour l'étape suivante, la plus importante de toutes, car c'est le but ultime de cet ouvrage :

Réorganiser définitivement votre alimentation, en oubliant toute idée de régime, ce qui vous permettra de garder toute votre vie une silhouette agréable et un poids satisfaisant.

Vous aurez la satisfaction de jouir toute votre vie d'une excellente santé.

Rien n'est plus facile pour vous de rester mince aussi longtemps que vous le souhaiterez, mais vous devez donc bien comprendre, avant de poursuivre votre lecture que, ni gourou, ni Merlin l'Enchanteur, je ne puis vous promettre la Lune et encore moins vous l'offrir !

La Chrono-nutrition de base, dans son rythme de croisière, moins contraignante que vos deux premières étapes, vous laissant beaucoup de choix dans vos aliments et la liberté de gérer votre appétit, est incroyablement facile à suivre. Il faut maintenant vous détendre et apprendre à manger naturellement, sans jamais calculer les calories contenues dans les aliments dont vous avez rempli votre assiette, ni vous demander à chaque repas si tel ou tel aliment va vous faire grossir ou non.

Il s'agira tout simplement de respecter chaque jour la règle de cette alimentation aussi simple que révolutionnaire, sans oublier qu'une ou deux fois par semaine vous avez deux créneaux de liberté totale vous permettant de vous récompenser d'avoir été raisonnable au quotidien. Vous êtes parvenus grâce aux deux étapes précédentes à un équilibre alimentaire aussi satisfaisant pour votre santé que pour votre moral, sans avoir été contraint de passer par des préliminaires de frustration et de faim. Mince vous êtes devenu et mince vous resterez en adoptant définitivement un style de nutrition qui allait totalement à l'encontre des idées reçues il y a quelques années et que d'aucuns, autrefois critiques, copient maintenant sans complexes… Vous qui faisiez des gammes sur la portée de la Chrono-nutrition allez pouvoir avec bonheur passer aux arpèges, aux trilles et autres arabesques culinaires auxquelles vous permettront de vous livrer nos menus.

Vous avez perdu du poids et du volume en réapprenant d'abord à manger de tout ; ce qui était le but accessoire de votre perte rapide de poids de volume.

Car vous ne l'avez peut-être pas remarqué mais vous avez été obligé, pendant votre première étape, à manger en quatre semaines la plus grande variété possible de tous les aliments composant notre alimentation quotidienne, semaine par semaine, dans les quantités minimales nécessaires aux apports nutritionnels quotidiens recommandés.

Dans la deuxième phase, je vous ai invité à manger chaque jour des aliments différents, afin de vous permettre de retrouver notre particularité humaine (et notre chance !) d'être omnivore, que la civilisation nous a parfois désastreusement fait perdre dans notre alimentation quotidienne.

Et je vous ai amené à redevenir suffisamment carnivores pour satisfaire à l'équilibre parfait de votre métabolisme, qui doit rester le même toute votre vie, contrairement à ce qu'a prétendu pendant un temps la diététique.

Dans cette troisième phase, vous connaissez donc la **bonne quantité** des **bons aliments** qu'il convient de manger au **bon moment** de la journée. Il va falloir maintenant que vous appreniez à redevenir gourmet et gourmand avec bonheur, tout en continuant à respecter ces trois règles d'or qui doivent être la base de votre alimentation quotidienne.

Vous pourrez donc vous nourrir comme vous le voudrez, pourvu que vos aliments soient naturels et choisis dans la journée en fonction des indications précises fournies par votre horloge biologique.

Votre principal travail a été de retrouver les messages de cette horloge ancestrale, faussés ou tombés dans l'oubli au fur et à mesure des civilisations, ce qui faisait déjà pousser des cris d'alarme au grand Hippocrate, médecin il y a plus de 2 500 ans.

La chronobiologie, mettant en évidence de façon irréfutable l'existence du facteur temps dans le fonctionnement du corps humain, son expression nutritionnelle quotidienne est la Chrono-nutrition que j'ai mise au point dans les années 1980.

On peut donc manger pratiquement de tout... mais pas n'importe comment ni n'importe quand. C'est là le grand secret de cette alimentation dont j'ai commencé à vous faire découvrir tous les bonheurs, en même temps que ses principes et sa technique d'application.

Apprendre à changer des habitudes bien ancrées n'est pas toujours facile, et la route vers la minceur est semée d'embûches. Il fallait donc pouvoir vous aider à corriger à coup sûr des erreurs le plus souvent involontaires, et c'est pour cela que les deux phases précédentes étaient absolument indispensables pour vous permettre de repenser votre alimentation.

Dans cette troisième phase, que je souhaite vous voir prolonger tout au long de votre vie, vous pourrez appliquer au quotidien l'art de rester mince sans se priver, en mangeant tous les aliments habituellement interdits par les régimes, car je le dis et je le répète : la Chrono-nutrition dans sa phase Équilibre, n'est pas un régime ! Le tout étant de manger au bon moment et à condition de respecter les règles de la Chrono-nutrition.

Je vous l'expliquais il y a quelques pages, tout aliment est bénéfique s'il est consommé en fonction de notre horloge biologique, donc au bon moment de la journée. Ses principes essentiels peuvent alors parvenir jusqu'à l'intérieur des cellules à structures protéinées, alors que le même aliment, pris à un autre moment de la journée, s'oriente vers une voie de garage et se retrouve stocké dans les cellules adipeuses.

Vous pourrez continuer à vous régaler tous les jours sans risquer de voir votre silhouette reprendre du volume et du poids, et en finir avec l'insoutenable grand écart intellectuel entre gourmandise et minceur. Car nous avons prouvé maintes fois que chacun d'entre nous peut manger à sa faim, se nourrir selon ses goûts et être mince, à la seule condition de respecter les principes de la Chrono-nutrition.

Vous trouverez en fin d'ouvrage la bibliographie indiquant tous les livres dans lesquels figurent des recettes respectant les principes de la Chrono-nutrition.

Retrouvez le bonheur de manger avec plaisir

Quels que soient votre morphologie et votre appétit, vous apprendrez ou continuerez à manger naturellement, accédant ainsi à la minceur, sans jamais plus avoir l'impression de vous priver ni, à l'inverse, éprouver la sensation d'avoir trop mangé.

Comme je l'ai écrit dans *La Cuisine saveur pour mincir en beauté*, vous n'aurez ainsi plus à faire preuve de courage ou parfois même d'héroïsme, en vous imposant un régime, ce qui vaudra mieux pour vous comme pour votre entourage. Ces vertus se trouvaient en effet vite épuisées par les tentations du quotidien, génératrices de dérapages incontrôlés, eux-mêmes responsables de remords et de fâcheuses sautes d'humeur ! Notre but essentiel est de vous faire retrouver, grâce à nos livres de recettes, les joies simples d'une alimentation naturelle et sans interdits qui se révèlent aussi punitifs qu'inutiles. Ainsi, deux plats chaleureux comme la choucroute ou le cassoulet, auxquels certains attribuent à tort le même symbolisme tentateur que le cochon de saint Antoine, se trouveront en bonne place dans nos riches déjeuners d'hiver, sans mauvaise conscience.

Aucune fantaisie ne vous sera non plus refusée dans les accommodements et les sauces de vos plats préférés, à condition de respecter les bonnes quantités et les bonnes proportions des aliments qui les composeront.

Tenez compte de votre métabolisme

Bien entendu, si vous souffrez de troubles métaboliques, il faudra, à l'évidence, tenir compte de ceux-ci dans votre alimentation quotidienne. Mais rassurez-vous : c'est seulement si vous êtes sujet ou sujette à un diabète insulino-dépendant ou à une hypercholestérolémie vraiment importante qu'il vous faudra restreindre un peu le choix des recettes que nous vous proposons. Par contre, si votre bilan a révélé des carences causées par un régime amaigrissant ou de mauvaises habitudes alimentaires, puiser dans nos recettes vous aidera à retrouver votre équilibre nutritionnel, joignant ainsi l'utile à l'agréable !

■ *Dites adieu à la diététique*

Bien que la Chrono-nutrition soit en passe de devenir la pierre de touche de la nutrition moderne, vous êtes encore en permanence attirés par les voix des sirènes vantant des systèmes alimentaires aussi variés spectaculairement efficaces dans les premiers temps, pour devenir tous sans exception inefficaces à terme, et parfois même dangereux. Si vous n'avez pas fait de la diététique votre évangile, il vous suffira de prendre conscience de ses limites et de tenter une autre voie pour arriver au but recherché. Rien ne me fait plus plaisir d'ailleurs que d'initier à la Chrono-nutrition des personnes me disant avoir essayé plusieurs méthodes d'amaigrissement avant de venir me consulter. Je me souviens avec amusement du temps où certains me déclaraient parfois : « Mais cela ne peut pas marcher votre méthode, c'est l'inverse de tout ce que j'ai lu dans les journaux ! Avez-vous des preuves de ce que vous dites ? » Je leur conseillais alors de découvrir avec moi tous les bienfaits de la Chrono-nutrition, d'en faire personnellement l'expérience, puis de revenir me consulter ensuite pour que nous en discutions…

Aujourd'hui les choses ont évolué et la Chrono-nutrition est reconnue. J'invite donc les déçus des régimes, les anxieux, les désabusés, les découragés à reprendre espoir !

Si vous me laissez vous guider, je vous promets, comme je l'ai déjà fait pour des dizaines de milliers de personnes avant vous, qu'il vous suffira de suivre mes conseils pour retrouver votre minceur en même temps qu'une santé superbe et votre joie de vivre !

Et n'oubliez pas que pour être léger, il faut manger lourd !

Il faut 30 g de lipides purs par jour pour satisfaire les besoins quotidiens de l'être humain : pour cela, 100 g de fromage suffiront, mais il faudra 500 g de yaourt ou 1 litre de lait par jour.

Au bout d'un an, on aura mangé 36,5 kg de fromage, ou 182,5 kg de yaourt, ou 365 litres de lait, soit environ 360 kg.

La comparaison des poids laisse rêveur… et fait tout de suite comprendre pourquoi il vaut mieux manger chaque jour plutôt dense et lourd que volumineux et léger. Il est donc totalement inutile, voire même dangereux, de vouloir absolument manger léger pour maigrir, ce qui est une ineptie nutritionnelle.

Foin des kilos de plumes imposés par les diététiciens qui donnent des silhouettes en édredon, mangez des kilos de plomb, qui font les corps élégants et minces.

Vous avez minci en vous débarrassant tout simplement de ce que vous aviez accumulé en trop et qui vous gênait. En mincissant, vous vous êtes débarrassé uniquement de ce qui entravait le bon fonctionnement de votre organisme : l'excès de gras et d'eau.

Et votre santé autant que votre silhouette s'en sont trouvées considérablement améliorées.

Autant de signes d'équilibre physique et psychologique qui me donnent l'assurance, en vous examinant (pour celles et ceux que j'ai pu voir en consultation), que vous m'avez écouté sans faire d'erreurs et que vous avez correctement appliqué les principes de la Chrono-nutrition.

■ *Souciez-vous plus de vos formes et de votre santé que de votre poids*

Ne croyez pas que le poids m'indiffère, mais s'il convient de le considérer comme un des paramètres permettant l'évaluation des excès ou des carences, celui-ci évalue les variations uniquement en quantité et non en qualité.

On peut très bien, en effet, être dodu et léger ou lourd et mince, ces deux silhouettes correspondant à des attitudes alimentaires fondamentalement différentes.

Et dans cette troisième phase Équilibre, les quantités d'aliments devront correspondre très précisément à votre dépense d'énergie quotidienne.

Notre credo sera : ni trop ni trop peu.

Vous mangerez donc les aliments qu'il faut, quand il le faut, sans excès ni restriction.

On contrôlera avant tout la silhouette et secondairement le poids.

Le simple fait de donner à un organisme l'aliment nécessaire au moment où il en a besoin lui permet de se débarrasser, sans souffrir, de tout ce qu'il a stocké pour pallier les carences provoquées par des erreurs alimentaires.

On ne fait donc plus courir le risque à notre corps de mal se défendre contre les agressions, qu'elles soient traumatiques, infectieuses ou psychologiques.

■ *Remusclez votre corps*

Il vous suffira tout simplement de rectifier quelques redoutables erreurs nutritionnelles pour avoir des fesses fermes, un ventre plat et des épaules musclées, sans pour autant souffrir le martyre ni fournir des efforts démesurés pour parvenir au parfait équilibre de la silhouette humaine.

Bien entendu, plus vous ferez de l'exercice, mieux cela vaudra. Un corps qui remue risque beaucoup moins de devenir dodu et plutôt que de proclamer « buvez, éliminez », je pense plus utile de vous dire « bougez, éliminez ».

Mais attention, votre quantité de nourriture devra dépendre de votre activité ! Si vous vous dépensez beaucoup, vous pouvez vous nourrir beaucoup plus que si vous n'avez aucune activité physique.

Soyez prudents et ne négligez pas les conseils que je vous donnerai, afin de parvenir à adapter votre système alimentaire à votre style de vie… et non l'inverse !

■ *Contrôlez votre métabolisme*

Avant de commencer la phase 1, vous avez fait le point sur votre métabolisme. C'est le moment de refaire un bilan biologique complet pour vérifier que tout va bien. Pour cela, reportez-vous p. 16.

■ *Faites le point sur votre silhouette*

Dans les premiers jours de votre démarrage initial, vous avez pris vos mensurations (p. 64) et vous vous êtes pesé (p. 64) pour déterminer quel était votre poids de départ.

Il va maintenant s'agir de voir comment vous avez respecté vos programmes et si vous les avez suivis sérieusement.

Ce grand examen de passage sera redoutable pour vous, car le simple regard d'un chrono-nutritionniste expérimenté va lui suffire à déterminer sur votre visage quel a été votre degré de discipline et de motivation, avec une précision que d'aucuns jugeront diabolique.

Des joues trop rondes ou trop creuses, des yeux enfoncés ou ressortis, des pommettes plates ou accentuées, un visage émacié ou joufflu, la coloration et la qualité de la peau, vont permettre de définir au premier coup d'œil le schéma nutritionnel de la personne examinée.

Il faudra, bien entendu, compléter par vos mensurations, qui s'effectueront dans les mêmes conditions que votre premier bilan morphologique.

L'examen est très rapide, le visage et les mains ayant déjà permis d'évaluer la qualité du tissu cutané et l'excès ou le manque des réserves adipeuses sous-cutanées.

Bien sûr, si vous faites ce bilan chez vous, certains de ces paramètres vous échapperont mais vous pourrez néanmoins évaluer si les deux premières phases de votre programme ont eu un effet sur votre poids et surtout sur votre silhouette.

LES PARTICULARITÉS DE LA PHASE 3 – ÉQUILIBRE

Après la phase 1 *Démarrage express*, suivie par la phase *Intermédiaire* vous laissant un peu plus de liberté dans vos choix qualitatifs, mais cependant très encadrée sur le plan quantitatif, vous allez pouvoir gérer vous-même votre appétit et avoir la possibilité :

– si vous avez très faim, d'augmenter vos trois aliments principaux (fromage, viande, poisson) ;

– si vous n'avez à l'inverse pas beaucoup d'appétit, de diminuer tous les autres aliments compris dans vos repas.

Rappel : la phase d'adaptation complète et définitive à la Chrono-nutrition dure en moyenne 1 an. Cependant, certaines personnes, très attentives à la méthode, s'insèrent parfois beaucoup plus rapidement dans les automatismes nutritionnels à respecter.

■ *Adopter un nouvel art de vivre*

Apprendre à s'alimenter en suivant la phase 3 *Équilibre* signifie : manger de tout, joyeusement, sans restriction d'aucune sorte, à condition que les aliments soient bons, sains, naturels et préparés simplement ; redécouvrir l'ordre logique des repas et l'utilité des aliments ; réapprendre à écouter son corps, à lui obéir aussi bien quand il a faim que lorsqu'il est rassasié.

On pourra ainsi, sans souffrir, ne plus céder aux appels de sirènes d'un cerveau (trop ?) civilisé qui console ses peines et combat son stress en faisant travailler inutilement la bouche et l'estomac du corps qu'il pilote.

J'ai dit qu'on allait **manger utile**, j'ajoute qu'on va **manger agréablement** et qu'on ne va plus jamais manger triste pour maigrir. On va jeter à la poubelle ou offrir à son pire ennemi dans un joli paquet-cadeau tous les faux sucres, les faux pains, les allégés, les trafiqués, les produits light et autres aliments industriels.

■ *Apprendre à organiser son alimentation quotidienne*

On va aller chez le boucher, le charcutier, le boulanger, le crémier, le marchand de légumes, le poissonnier et même chez le pâtissier et le caviste pour préparer de somptueuses fêtes... qu'on aura sagement méritées !

Il s'agit d'une vie parfaitement normale, qu'on va régler à sa convenance. Il va d'abord falloir organiser son alimentation quotidienne et apprendre à identifier les réponses de son corps aux modifications alimentaires.

Ensuite on pourra, sans risque, broder toutes les fantaisies possibles autour du schéma nutritionnel de base, indispensable tronc commun de toutes les variations suivant les goûts personnels de chacun.

Apprendre à piloter une automobile n'est pas très difficile, mais devenir pilote de Formule 1 n'est pas donné à tout le monde !

Le but de chacun doit tendre vers une gestion très personnelle de son alimentation.

Vaincre la monotonie

Apprendre à vaincre la monotonie va permettre d'éviter la dérive progressive et très fréquente vers un système alimentaire rigide et fixé sur très peu d'aliments différents, réflexe provoqué par la crainte de refaire inconsciemment des erreurs nutritionnelles.

Or c'est là une attitude dangereuse à deux titres :

– le premier est le risque de carence par manque de certains aliments utiles. Souvenez-vous de la dénutrition des gens âgés : dans pratiquement tous les cas, elle est liée à cette fixité des repas dans leurs horaires et dans leur composition ;

– le second est le risque de lassitude et d'abandon d'un mode alimentaire manquant totalement de fantaisie et de charme.

Les limites de la diététique

Ceci explique d'ailleurs pourquoi la diététique voit rapidement ses limites atteintes. Arrivés à un certain poids qu'on a déterminé à l'avance pour chaque patient sans jamais se soucier de sa silhouette, les malheureux auxquels on a imposé un système d'alimentation, en général fort désagréable, n'ont qu'une hâte : reprendre leur liberté et leurs habitudes alimentaires antérieures.

D'où une rechute, parfois spectaculaire, chacun retrouvant alors très rapidement des rondeurs encore plus prononcées que les précédentes, sauf chez quelques sujets héroïques ou têtus pour lesquels une silhouette svelte vaut tous les sacrifices du monde.

C'est pour vous éviter ce fort désagréable jeu de montagnes russes que je préconise, au contraire, un retour aux sources, afin de ne pas vous livrer ainsi au triste sort de ces pauvres gens, dont le seul tort est de suivre des conseils diététiques aussi variables dans le temps que la mode vestimentaire !

■ *Renouons avec les plats « riches »*

On a toutes les raisons de craindre qu'une alimentation diététique n'aggrave les distorsions métaboliques au lieu de les atténuer quand on essaie de diminuer artificiellement leur expression biologique.

L'exemple le plus frappant est celui des régimes totalement appauvris en graisses pour réduire les hypercholestérolémies : plus on s'acharne et plus le taux de cholestérol va grimper ou, dans le meilleur des cas, rester stable, au prix d'une discipline nutritionnelle difficilement supportable et au risque, dont j'ai déjà parlé, d'une dépression.

En résumé, un rappel qui vous sera bien utile

Il faut manger les bons aliments, au bon moment, dans la bonne quantité :

– gras le matin ;
– dense le midi ;
– léger l'après-midi ;
– et le soir... ne pas dîner ou dîner léger.

Grâce à ce schéma nutritionnel de base, vous démarrerez la journée en offrant à votre corps le taux de lipides nécessaire pour tenir toute la matinée. Le fait de manger dense à midi et sucré au goûter vous permettra de contrôler votre faim en vous empêchant de grignoter à toute heure de l'après-midi. De plus, cela vous évitera de trop manger le soir, erreur très répandue qui conduit forcément à une prise de poids intempestive.

Il faudra respecter, non pas les horaires, mais les bons moments pour se nourrir, et tant pis si cela bouscule vos habitudes !

Donc :

– **quelle que soit l'heure de votre réveil**, prenez votre petit déjeuner dans l'heure qui le suit ;

– ensuite **attendez au moins 5 heures** pour déjeuner ;

– goûtez **aussi tard que vous le voudrez,** que ce soit en fin d'après-midi, en début de soirée, ou même tard dans la nuit, l'essentiel étant que vous ayez réellement faim.

Mais attention : celui-ci devra être diminué obligatoirement de moitié s'il y a plus de 6 heures que vous avez déjeuné ;

– le soir, vous devez dîner quand vous avez faim mais pas avant. Cela pourra être 1 heure après un goûter complet, ou beaucoup plus tard si vous n'avez pas faim de bonne heure, ou à l'inverse très peu de temps après un demi-goûter.

D'une manière générale, la composition des repas se fera ainsi :

Petit déjeuner

– fromage
– pain
– beurre

auxquels on pourra, dans certains cas, ajouter des œufs et de la charcuterie.

Déjeuner
– viande ou, dans des circonstances particulières, moitié poisson et moitié viande
– féculents

Goûter
– gras végétaux
– fruits et dérivés sucrés

Dîner
– poisson ou fruits de mer ou un peu de viande blanche
– légumes verts

Variante

Celles et ceux qui connaissent déjà la Chrono-nutrition constateront que j'ai apporté (pour votre confort et votre bien-être intellectuel) un changement dans le repas du déjeuner qui vous permet, si vous n'aimez pas trop la viande ou si vous n'en avez pas une part suffisante, de donner un peu de fantaisie au plat classique de la Chrono-nutrition. Vous organiserez votre repas en respectant l'ordre suivant :

– **d'abord le poisson gras,** pesé cru

Votre taille (hauteur) en centimètres, convertie en grammes.

– **ensuite la viande,** pesée crue

Votre taille (hauteur) en centimètres, convertie en grammes.

– **en dernier les féculents**

La quantité recommandée pour votre taille.

Deux repas joker par semaine

Pensez aussi que vous avez maintenant le droit de faire deux repas joker dans la semaine et que vous pourrez, à ce moment-là, laisser libre cours à vos envies... Tout est permis. Voir p. 61.

Le programme de la phase 3

PETIT DÉJEUNER

- Fromage
- Pain
- Beurre
- Boissons

Retrouvez le plaisir des petits déjeuners somptueux

Le petit déjeuner constitue la base nutritionnelle de la journée, destinée à donner à l'organisme les premiers éléments de sa reconstruction quotidienne. Je l'ai doté d'un maximum d'énergie sous la forme la plus concentrée possible, afin de ne pas surcharger l'organisme tout en vous réhabituant à manger suffisamment pour ne plus faire un supplice de vos fins de matinée.

Il pourra même être plus abondant si vous êtes déjà habitué à beaucoup manger le matin, et c'est pour cela que j'ai ajouté, dans le résumé qui précède, un possible complément d'œufs et/ou de charcuterie.

Fromage

Votre taille en centimètres convertie en grammes, moins 70 g (par exemple, une personne de 1,70 m pourra prendre 170-70 = 100 g de fromage).

Fromage

Votre taille en centimètres	**Quantité Matinée normale**	**Matinée longue** Ajouter pour tous
150 cm ou moins	80 g	+ augmentez votre part de fromage
160 cm	90 g	+ 2 œufs
170 cm	100 g	+ charcuterie
180 cm	110 g	+ 1 barre ou 1 sachet de Chrono-protéines
190 cm et plus	120 g	

Si vous avez encore faim

Si on s'aperçoit qu'on a faim trop tôt dans la matinée (moins de 4 heures après le petit déjeuner et au moins 1 h 30 avant le deuxième repas), on pourra, le lendemain matin et tous les jours de matinées longues, augmenter le fromage et même y ajouter 2 œufs et/ou de la charcuterie.

Mais **si la matinée est vraiment longue** vous aurez besoin de recharger les batteries avant le déjeuner du midi.

Dans ce cas-là il vous sera facile de prendre 1 barre de Chrono-protéines ou 1 sachet de Chrono-protéines (les mêmes que vous avez utilisés tous les jours au cours de votre première étape), ce qui vous permettra avec cet apport de protéines ultrarapides de ne pas fatiguer votre organisme en résistant à une faim de plus en plus dévorante, ou de ne pas vous livrer à des grignotages intempestifs avant le déjeuner.

Gardez la bonne habitude acquise pendant vos deux premières étapes de manger votre fromage uniquement le matin, avec cette différence que si vous avez faim **vous pouvez augmenter votre part de fromage autant que vous voulez.**

Tous les fromages sont bons et utiles

Nous devons les choisir en fonction de nos goûts et de nos envies, sans jamais nous préoccuper de connaître leur pourcentage en corps gras. L'important est d'en manger tous les matins la quantité correspondant à vos besoins personnels. Bien entendu, on peut panacher ses fromages et les répartir en plusieurs parts.

Faites-vous plaisir avec les centaines de fromages qu'on peut choisir en France : pâtes molles à croûte lavée (maroilles, livarot, pont-l'évêque), pâtes pressées cuites (beaufort, comté), fromages fondus (aux noix, au jambon, aux fines herbes), pâtes molles à croûte fleurie (brie, camembert, coulommiers), pâtes persillées (roquefort, bleu d'Auvergne, fourme d'Ambert), pâtes pressées non cuites (saint-nectaire, reblochon, cantal), chèvres (chabichou, rocamadour, pouligny-saint-pierre)... et ajoutez même si vous le voulez à cette liste les fromages étrangers, qu'ils soient de Hollande, de Suisse ou d'ailleurs.

Je vous rassure, huit jours suffisent à les faire entrer sans souffrir dans vos habitudes alimentaires du matin, puis à les rendre indispensables à votre bien-être.

Si vous n'aimez pas le fromage

Première solution. Sans aucun doute la plus efficace et en même temps la plus agréable : cachez ce fromage dont l'aspect, l'odeur, ou les deux, vous gênent dans des croque-monsieur, des tartes, des tourtes....

Ces préparations auront l'avantage d'évoquer des desserts et surtout d'avoir changé totalement le goût et fait disparaître l'odeur des fromages grâce à la cuisson. Vous trouverez quelques recettes alléchantes dans *Mincir sur mesure grâce à la Chrono-nutrition*. Si vous avez d'autres idées, n'hésitez pas à les essayer pourvu que vous respectiez les proportions et les aliments autorisés.

Deuxième solution. Essayez de vous réadapter très progressivement en réalisant des préparations de fromage doux mixé avec une cuillerée à soupe de crème.

Pensez à tous les fromages que vous voudrez, pourvu qu'ils ne contiennent pas de petit lait. Donc surtout pas de yaourt, qui est un aliment pour les enfants de moins de 2 ans. En effet, le lactose contenu dans le yaourt est utile pour le bébé car il lui permet de stocker les lipides absorbés, et de grandir en même temps qu'il grossit, ce qui est normal pour lui… mais pas pour nous qui ne pouvons plus grandir.

Troisième solution. Le petit déjeuner à l'allemande ou à l'anglaise : on remplacera le fromage par des charcuteries, des œufs, du jambon cru ou braisé (le jambon blanc n'est pas assez gras) et par toutes les viandes grasses que l'on voudra, chaudes ou froides.

Petit déjeuner à l'anglaise

– 3 œufs sur le plat ;
– 3 tranches de bacon ou jambon fumé ;
– tartines de pain complet bien beurrées (la quantité recommandée pour votre taille, p. 210) ;
– thé à volonté, sans sucre ni lait ni édulcorant.

Petit déjeuner à l'allemande

– 2 œufs brouillés ou en omelette ;
– 2 saucisses (de Strasbourg, par exemple) ;
– 1 tranche de petit salé ;
– pain de campagne (la quantité recommandée pour votre taille, p. 210) ;
– café à volonté, sans sucre ni lait ni édulcorant.

Pain

La moitié du poids de votre portion de fromage calculée en p. 207.

Pain

Votre taille en centimètres	**Quantité**
150 cm ou moins	40 g
160 cm	45 g
170 cm	50 g
180 cm	55 g
190 cm et plus	60 g

L'expérience nous a montré, à certains de mes confrères nutritionnistes et à moi-même, que le plus pratique de tous les pains pour le matin est le pain blanc, pourvu qu'il soit en baguette et non en miche dont l'index glycémique est beaucoup plus élevé.

Les céréales préparées sont donc à proscrire, tout comme l'association sucre/gras, particulièrement redoutable à ce moment de la journée.

Renouez avec le bon pain !

Tous les pains sont bons pourvu qu'on n'y ait pas de sucres rapides ajoutés, astuce des fabricants pour fidéliser leur clientèle et créer cette fameuse dépendance, bien connue des nutritionnistes et des diététiciens.

Attention aux biscottes, pains de mie, pains au lait et autres pains industriels en apparence bien appétissants, mais qui contiennent tous sans exception des sucres ajoutés.

Si vous avez des difficultés de transit intestinal, renoncez au pain blanc et choisissez un pain riche en fibres : pain au son ou pain complet...

Si vous n'aimez pas le pain

Pas de problème, on peut le remplacer, comme vous l'avez lu plus haut, par des compositions de pâtes pâtissières salées (surtout pas sucrées), fourrées au fromage, qu'elles soient brisées ou feuilletées.

Mais surtout pas de céréales et en aucun cas de biscuits car ils contiennent des sucres rapides !

■ *Beurre : 10 à 12 g*

La quantité de beurre sera comprise entre 10 et 12 g, sans suppression ni excès. Le beurre sera doux ou salé selon vos goûts, sauf si vous êtes sujet à l'hypertension artérielle.

Cependant, rien ne vous empêche de garder la bonne habitude, acquise lors de vos deux premières étapes, d'accompagner votre pain et votre fromage avec de l'huile d'olive à la place du beurre, beaucoup plus riche en vitamines que celui-ci.

Retrouvez le plaisir de tartiner...

Mangez du beurre au petit déjeuner, **mais seulement au petit déjeuner**.

Pensez à sortir le beurre du réfrigérateur la veille au soir pour faciliter la confection de vos tartines, mais surtout fuyez les beurres à tartiner qui contiennent pratiquement tous des produits chimiques peu recommandables.

Si vous n'aimez pas le beurre

L'idéal sera bien entendu 2 cuil. à café d'huile d'olive à consommer sur votre pain, mais certains d'entre vous n'aiment ni l'un ni l'autre. Dans ce cas, il vous restera la solution d'augmenter de 20 g votre part de fromage.

Vous mettrez alors directement ce fromage sur le pain, et vous pourrez même utiliser du fromage à tartiner bien qu'il soit loin d'être parmi les meilleurs pour un gourmet qui se respecte.

■ *Boissons*

Toujours du thé, du café ou des tisanes !

On accompagnera ce petit déjeuner d'autant de thé, de café, d'eau plate ou pétillante, d'infusion ou de tisane qu'on le voudra.

Mais attention pas de lait, quelles que soient les boissons que vous aurez choisies. Remplacez-le plutôt par 1 cuil. à soupe de crème fraîche, ce sera nettement plus utile et surtout moins nocif pour le bon fonctionnement de votre organisme. Et bien sûr, pas de sucre ni de miel ni d'édulcorant.

Bannissez les faux sucres et les édulcorants !

Apprenez plutôt à mieux préparer le thé et le café, car si vous êtes obligé d'y ajouter du sucre, c'est qu'ils sont imbuvables autrement, tout simplement parce que vous les faites beaucoup trop forts.

Le café

Léger, le café ! Pour être bon, le café ne doit pas être noir comme l'enfer, ce qui de plus en fait un redoutable accélérateur du rythme cardiaque.

Pour définir une règle de conduite facile à suivre, mettez votre café habituel très chaud dans une tasse deux fois plus grande et ajoutez-y de petites quantités d'eau bouillante ou chaude, jusqu'à ce que le goût vous en paraisse acceptable.

Si vous avez le courage de supprimer le sucre dans votre café pendant huit jours, vous ne pourrez plus y mettre un morceau de sucre de toute votre vie tant son goût vous paraîtra prononcé quand vous en referez l'essai.

Pour vous habituer à ne plus sucrer, buvez plutôt des cafés arabica, qu'on a moins besoin d'édulcorer ou d'allonger avec de l'eau. Vous reviendrez peut-être aux robusta après quelques mois d'expérience...

Le thé

Variez les thés, achetez-les en vrac et essayez-vous à tous les mélanges en ayant la main légère sur les quantités.

C'est *a priori* parce qu'il est trop fort, donc trop amer, qu'on y ajoute du lait ou du sucre, afin d'assouplir cette curieuse sensation de rétrécissement de la muqueuse buccale que provoque le thé trop astringent. À la rigueur, vous pourrez y mettre une pointe de crème fraîche (c'est l'heure du gras, nous l'avons dit), mais **jamais de sucre ni de lait**.

Il faut apprendre à ne pas faire inutilement macérer les feuilles de thé trop longtemps dans l'eau frémissante, ce qui provoque la libération de la partie la plus dense de ses résines, dont l'amertume est fort désagréable.

Le thé se boit orange et non pas marron, si l'on veut qu'il soit très agréable à déguster sans avoir besoin d'y ajouter un édulcorant ou d'autres additifs. Pour cela, on laisse infuser le sachet, la boule, le filtre à thé ou la cuillère à thé 2 minutes, pas plus.

Le thé se buvant aussi bien froid que chaud, on peut le mettre à rafraîchir et le consommer glacé lors des longues journées d'été.

Les tisanes

La palette de leurs saveurs est devenue incroyablement étendue, depuis quelques années.

Vous consommerez en alternance du thym, du romarin, du tilleul, mais aussi, si cela vous est plus familier, les dizaines de mélanges en sachets que l'on trouve aujourd'hui sur le marché.

L'eau

L'**eau**, **plate** ou **pétillante**, est irremplaçable. C'est la seule boisson physiologiquement indispensable.

Mais attention, il sera préférable de choisir :

– si c'est de l'eau plate : Évian, Volvic, Mont Roucous ou l'eau du robinet filtrée ;

– si c'est de l'eau pétillante : Salvetat ou Perrier bleu (eau de Perrier).

Le potage

Fortement déconseillé le midi, sauf circonstances exceptionnelles, et formellement interdit le soir, le potage, les soupes et bouillons seront autorisés :

– le matin aux enfants en croissance ;

– aux personnes âgées toute la journée pendant les canicules ;

– aux musulmans, la nuit, exclusivement pendant la période du ramadan.

Ce qui évidemment restreint considérablement la population pouvant accéder à ce breuvage.

LE DÉJEUNER

• Viande, charcuterie, abats, œufs • Féculents • Boissons

Retrouvez le plaisir de bien caler votre appétit avec la viande

Aussi simple que nourrissant et aussi savoureux que simple, le déjeuner devra se composer de protéines animales et de féculents.

Il sera court, mais solide et efficace. Ainsi, il n'entraînera pas de somnolence ou de lourdeur comme peut le faire un repas trop copieux, mal équilibré, ou trop compliqué.

Manger lourd (dense) sans manger trop, ni mal, implique d'abord de manger simplement.

Et n'oubliez pas d'appliquer au quotidien la règle des trois « rien » :

– rien avant le plat
– rien avec le plat
– rien après le plat

... Sauf repas joker et/ou circonstances particulières.

c'est-à-dire : **pas d'entrée, pas de pain, pas de salade, pas de fromage, pas de dessert,** conditions nécessaires à la prise en quantité suffisante des aliments indispensables pour assurer un bon métabolisme digestif.

N'oubliez pas de vous faire plaisir avec les sauces et les accommodements.

Complément ou additif ?

La différence est dans la quantité de cet ajout que l'on fera à l'alimentation de base.

• **Le complément** est la part moyenne prévue pour accompagner l'élément principal du repas :
– votre part de féculents au déjeuner ;
– votre part de légumes verts au dîner.

• **L'additif**, discret, sert à agrémenter le complément. Il ne modifiera pas la quantité globale du repas mais le rendra plus agréable.

Dans le cas de côtes de veau aux girolles servies au déjeuner, par exemple, les girolles constituent l'additif tandis que le complément est assuré par la part de féculents.
Qu'il s'agisse de sauce – de la bourguignonne à la sarladaise en passant par la mayonnaise – ou qu'il s'agisse de parcelles d'autres aliments que l'on va ajouter au plat, l'additif ne doit pas devenir un complément, sous peine d'altérer l'équilibre nutritionnel très précis que vous avez appris avec la Chrono-nutrition. Veillez donc à satisfaire vos goûts, sans pour cela modifier la composition principale de votre plat.

■ *Viande*

La viande d'abord ! Souvenez-vous de votre enfance : « Mange ta viande d'abord, tu mangeras tes légumes après ! » Sagesse populaire et conseil parental auquel, devenu adulte, on s'est trop souvent empressé de désobéir !

Calmez votre appétit avec la viande plutôt qu'avec les féculents ou les légumes.

La référence pour calculer votre portion de viande (pesée crue) sera toujours votre taille en centimètres, convertie en grammes, quels que soient votre sexe et votre âge. Mais elle variera selon le type de viande choisie. Les proportions à respecter varieront selon que vous êtes sédentaire ou que vous pratiquez une activité physique intense (voir p. 219).

Viande rouge : au moins votre taille (hauteur) en centimètres, convertie en grammes + 60 g (par exemple, une personne de 1,70 m pourra prendre au moins 230 g de viande rouge, pesée crue).

Viande rouge

Votre taille en centimètres	Quantité
150 cm ou moins	au moins 210 g, pesée crue
160 cm	au moins 220 g, pesée crue
170 cm	au moins 230 g, pesée crue
180 cm	au moins 240 g, pesée crue
190 cm et plus	au moins 250 g, pesée crue

Viande blanche et volailles : au moins votre taille (hauteur) en centimètres, convertie en grammes + 100 g (par exemple, une personne de 1,70 m pourra prendre au moins 270 g de viande, pesée crue).

Viande blanche et volailles

Votre taille en centimètres	Quantité
150 cm ou moins	au moins 250 g, pesées crues
160 cm	au moins 260 g, pesées crues
170 cm	au moins 270 g, pesées crues
180 cm	au moins 280 g, pesées crues
190 cm et plus	au moins 290 g, pesées crues

Charcuterie et abats : au moins votre taille (hauteur) en centimètres, convertie en grammes + 80 g (par exemple, une personne de 1,70 m pourra prendre au moins 250 g de charcuterie ou d'abat, pesés crus).

Charcuterie et abats

Votre taille en centimètres	Quantité
150 cm ou moins	au moins 230 g, pesés crus
160 cm	au moins 240 g, pesés crus
170 cm	au moins 250 g, pesés crus
180 cm	au moins 260 g, pesés crus
190 cm et plus	au moins 270 g, pesés crus

Ceux d'entre vous qui ne connaissaient pas auparavant la Chrono-nutrition se montrent souvent étonnés par cette quantité qui rompt avec nos habitudes, mais elle est tout à fait normale et juste suffisante si l'on n'oublie pas qu'avec et après cette viande, on ne mangera qu'une modeste portion de féculents et rien d'autre.

Si vous êtes sédentaire

Si un grand âge, une maladie ou une inactivité totale vous ont rendu complètement sédentaires, vous consommerez de préférence de la viande rouge dans les proportions suivantes :

Votre taille (hauteur) en centimètres, convertie en grammes (par exemple, une personne de 1,70 m devra prendre au minimum 170 g de viande, pesée crue).

Votre taille en centimètres	Quantité
Viande rouge	
Si vous êtes sédentaire	
150 cm ou moins	au moins 150 g, pesée crue
160 cm	au moins 160 g, pesée crue
170 cm	au moins 170 g, pesée crue
180 cm	au moins 180 g, pesée crue
190 cm et plus	au moins 190 g, pesée crue

Si vous avez une activité physique intense

Quels que soient votre sexe et votre âge, si vous faites preuve d'une activité physique débordante, vous calculerez pour votre portion de viande (toutes sortes de viandes) ainsi :

Votre taille (hauteur) en centimètres, convertie en grammes + au moins 100 g (par exemple, une personne de 1,70 m pourra prendre au minimum 270 g de viande, pesée crue).

Votre taille en centimètres	Quantité
Viande (toutes sortes)	
Si vous avez une activité physique intense	
150 cm ou moins	au moins 250 g, pesée crue
160 cm	au moins 260 g, pesée crue
170 cm	au moins 270 g, pesée crue
180 cm	au moins 280 g, pesée crue
190 cm et plus	au moins 290 g, pesée crue

Quel type de viande ?

Toutes les viandes sans exception : rouge ou blanche, porc, mouton, volaille, bœuf, cheval, abats, charcuteries, gibiers ou animaux d'élevage..., qu'elles soient cuisinées bouillies, rôties, grillées, sautées, **accompagnées de toutes les sortes de sauces** chaudes ou froides.

Il n'y a pas de régime, je le rappelle, et vous avez appris dans vos deux premières étapes à varier vos aliments, continuez surtout cette diversité dans vos choix.

Vous pouvez donc laisser libre cours à votre instinct et à votre fantaisie pour atténuer la discipline du plat unique.

Toutes les viandes sont bonnes, je l'ai dit, mais bien entendu plus ou moins nourrissantes. Il vaudra mieux manger les viandes blanches en sauce ou panées, pour être suffisamment nourri, à quantité égale avec une viande rouge.

À l'évidence aussi, il vaut mieux manger gras en hiver pour aider son organisme à lutter contre le froid et maigre en été... sauf s'il fait un froid de canard !

Les viandes

Viandes rouges
- agneau
- autruche
- bœuf
- cheval
- mouton

Viandes blanches
- porc
- veau
- lapin
- volaille (canard, poulet, dinde, pintade...)

Viandes noires
- gibier

Abats
– langue, rognons, foie, foie gras, ris de veau...
Il est indispensable de varier le choix des viandes. Si vous mangez tous les jours de la même viande, non seulement vous vous en lasserez, mais vous risquerez rapidement d'avoir des carences dans certains domaines et des excès dans d'autres. Il n'est pas recommandé, par exemple, de manger des abats plus de deux fois par semaine.

Quelle cuisson ?

Il faut se méfier des idées fausses : griller la viande est agréable mais n'a rien d'obligatoire et ne rendra pas maigre une viande grasse.

Prenez surtout la précaution de ne pas carboniser la surface de votre viande en la grillant, car c'est ce mode de cuisson qui peut rendre tout aliment dangereux pour la paroi intestinale, qu'il s'agisse également de féculents, de légumes ou de céréales.

Il faut en effet savoir que **griller trop fort et trop souvent la viande** ou tout autre aliment **fait courir le risque de cancer du côlon**. On devra donc éviter de griller systématiquement sa nourriture...

En résumé :

Ne mélangez pas vos habitudes alimentaires actuelles avec celles que je vous conseille et respectez bien les proportions.

À l'évidence, en effet, si vous ajoutez vos calories aux miennes, cela en fera obligatoirement trop.

Si vous n'aimez pas la viande

Problème beaucoup plus fréquent à notre époque qu'on ne le pense, le fait de ne pas manger de viande est un redoutable générateur de carences protéiniques dans toutes les couches de la population.

Il y a bien sûr ceux qui n'aiment pas la texture, la consistance ou encore l'aspect de certaines viandes. Mais parmi ces derniers, beaucoup se sont forgé un stéréotype intellectuel leur faisant irrésistiblement évoquer celle qu'ils n'aiment pas quand on prononce le mot « viande », particulièrement quand il s'agit de « viande » rouge.

Il y a ceux qui hésitent à acheter de la viande en raison de son prix, parfois franchement prohibitif.

Mais là encore, il ne faut pas croire qu'une viande chère est obligatoirement meilleure pour la santé qu'une viande moins coûteuse. Ainsi, un modeste bœuf en daube est moins gras, donc tout aussi bon pour la santé, qu'une entrecôte grillée.

Un discours actuel tend à dire que manger trop de viande constitue un danger pour la santé.

N'importe quel excès alimentaire sera dangereux pour la santé, mais tout aussi dangereuses seront les carences suscitées par des déclarations péremptoires dénuées de toute preuve scientifique.

Par contre, n'oubliez pas que si nous mangeons lourd (dense) le midi, nous devons manger léger le soir, donc **jamais** de viande rouge au dîner et peu ou pas de viande blanche.

Reste un dernier problème, et non des moindres : la tendance « retour aux sources » consistant à afficher un style de vie végétarien, voire végétalien, où l'on sent pointer une volonté de naturalisme angélique.

En fait, cette tendance actuelle au style végétarien n'est pas l'idéal nutritionnel, loin de là, car pour obtenir la quantité de protéines équivalente à celle apportée par 250 g de viande, il faut 2 kg de lentilles, et non seulement ces protéines végétales ne seront pas aussi nourrissantes que les protéines animales mais, n'ayant pas le même poids moléculaire, elles seront moins bien assimilées et ne pourront être utilisées avec la même efficacité par l'organisme.

Donc, si vous n'aimez vraiment pas la viande, **essayez les associations suivantes** :

En premier : du poisson, gras de préférence, pesé cru
Votre taille (hauteur) en centimètres, convertie en grammes, pas plus.

Ensuite : de la viande, de la charcuterie ou des abats, pesés crus
Au moins votre taille (hauteur) en centimètres, convertie en grammes.

En dernier : des féculents
La quantité recommandée pour votre taille (voir p. 228), pas plus.

Variante
Poisson gras – viande, charcuterie, abats

1) En premier

Poisson gras

Votre taille en centimètres	**Quantité maxi**
150 cm ou moins	150 g, pesé cru
160 cm	160 g, pesé cru
170 cm	170 g, pesé cru
180 cm	180 g, pesé cru
190 cm et plus	190 g, pesé cru

2) En deuxième

Viande, charcuterie ou abats

Votre taille en centimètres	**Quantité**
150 cm ou moins	au moins 150 g, pesés crus
160 cm	au moins 160 g, pesés crus
170 cm	au moins 170 g, pesés crus
180 cm	au moins 180 g, pesés crus
190 cm et plus	au moins 190 g, pesés crus

3) En troisième

Féculents cuits

Votre taille en centimètres	**Quantité**
150 cm ou moins	1 cuil. à soupe
160 cm	2 cuil. à soupe
170 cm	3 cuil. à soupe
180 cm	4 cuil. à soupe
190 cm et plus	5 cuil. à soupe

Ou encore :

Mais dans ce cas il ne faut pas que votre taux de cholestérol dépasse 1,80 g/l, essayez cette association (sans dépasser les quantités) :

En premier : du fromage

Votre taille (hauteur) en centimètres, convertie en grammes – 100 g.

Ensuite : du poisson, gras de préférence, pesé cru

Votre taille (hauteur) en centimètres, convertie en grammes + 100 g.

En dernier les féculents

La quantité recommandée pour votre taille (voir p. 228), pas plus.

Variante
Fromage – Poisson gras

1) En premier

Fromage

Votre taille en centimètres	Quantité
150 cm ou moins	50 g
160 cm	60 g
170 cm	70 g
180 cm	80 g
190 cm et plus	90 g

2) En deuxième

Poisson gras

Votre taille en centimètres	Quantité
150 cm ou moins	250 g, pesé cru
160 cm	260 g, pesé cru
170 cm	270 g, pesé cru
180 cm	280 g, pesé cru
190 cm et plus	290 g, pesé cru

3) En troisième

Féculents cuits

Votre taille en centimètres	Quantité
150 cm ou moins	1 cuil. à soupe
160 cm	2 cuil. à soupe
170 cm	3 cuil. à soupe
180 cm	4 cuil. à soupe
190 cm et plus	5 cuil. à soupe

Ou encore, à condition de ne pas souffrir d'hypercholestérolémie :

Des œufs. Vous pouvez aussi remplacez votre portion de viande par des œufs : en omelette, durs, mollets, brouillés ou en cocotte.

Variante
Œufs

Votre taille en centimètres	Quantité
150 cm ou moins	2 (au moins)
160 cm	3 (au moins)
170 cm	4 (au moins)
180 cm	5 (au moins)
190 cm et plus	6 (au moins)

Cependant, même si votre taux de cholestérol est normal, restez raisonnable sur la fréquence à laquelle vous mangerez des œufs : je recommande en général une seule fois, trois fois par semaine sera le maximum.

Ne négligez pas vos envies

Elles sont très souvent révélatrices. Par exemple, une envie incoercible de tel ou tel aliment chez une femme enceinte révèle en général une cause métabolique réelle.

La fringale de boudin noir, par exemple, traduit à coup sûr une anémie, celle de cornichons un besoin d'augmenter l'acidité gastrique, et celle de chocolat presque à coup sûr un régime trop pauvre en graisse !

Si des envies répétées se manifestent, n'hésitez pas à en faire part à votre médecin qui y décèlera sans doute une origine organique sous-jacente.

La question des carences

On les constate d'emblée chez les personnes qui ne mangent pas assez de viande, pas assez de fruits, pas assez de gras et chez lesquelles on trouve de multiples déficits, le plus souvent en fer, mais aussi parfois en cholestérol.

Il faut, dans ce cas, selon les déficits constatés, ajouter à votre programme nutritionnel des compléments alimentaires qui serviront à compenser la fuite de vos oligo-éléments et de vos vitamines entraînée par la fonte de vos cellules adipeuses.

Très souvent, il s'agit de carence protidique et, dans ce cas, il faudra compléter la correction de cette carence par l'apport d'une complémentation protéinée sous forme de sachets ou de barres de Chrono-protéines (voir p. 283).

L'apport de protéines complémentaires concerne bien entendu uniquement les personnes qui ne peuvent pas ou ne veulent pas manger suffisamment de viande le midi.

■ *Féculents*

La mesure de référence... la cuillerée à soupe

J'ai essayé plusieurs façons de mesurer la quantité idéale de végétaux pour accompagner les protéines et j'ai abandonné récemment le bol chinois qui, au gré des fantaisies, des appétits, et des envies, prenait curieusement des volumes d'une variabilité nuisant à la quantité correcte de son contenu.

Afin de vous éviter toute tentation de tricherie, je vous conseille de mesurer vos **cuillerées à soupe bien pleines.**

On cuisinera les féculents comme on voudra, en respectant bien la règle d'or : **j'augmente la part de viande si j'ai faim, jamais la part de féculents.**

La viande sera le carburant utilisé à la mesure du besoin d'énergie, les féculents restant le carburant dont il ne faut pas abuser, sous peine de stockage.

On pourra les manger de toutes les manières et à toutes les sauces pourvu qu'on ne dépasse pas les cuillerées à soupe (bien pleines) recommandées selon sa taille.

N'oubliez pas qu'en été, rien ne vous empêche de manger vos féculents cuits en vinaigrette froide, voire même glacée !

– féculents secs (lentilles, flageolets, haricots cocos, haricots Soissons, haricots rouges, pois cassés, pois chiches...) ;

– féculents frais (petits pois, fèves fraîches...).

La quantité de féculents reste la même qu'en phases 1 et 2.

Selon votre taille (les quantités sont données pour des féculents <u>cuits</u>) :

Féculents cuits

Votre taille en centimètres	Quantité
150 cm ou moins	1 cuil. à soupe
160 cm	2 cuil. à soupe
170 cm	3 cuil. à soupe
180 cm	4 cuil. à soupe
190 cm et plus	5 cuil. à soupe

Si vous préférez les céréales

– pâtes (fraîches et sèches) ;

– riz (blanc, complet) ;

– semoules (de blé ou de maïs).

Vous pouvez remplacer les féculents par des céréales, mais surtout ne les mangez pas ensemble.

Céréales cuites

Votre taille en centimètres	Quantité
150 cm ou moins	1 cuil. à soupe
160 cm	2 cuil. à soupe
170 cm	3 cuil. à soupe
180 cm	4 cuil. à soupe
190 cm et plus	5 cuil. à soupe

■ *Boissons*

Pas de vin, pas de boissons sucrées. Mais vous pouvez prendre de l'eau plate ou gazeuse, du thé, des tisanes et du café, sans lait ni sucre ni miel ni édulcorant.

■ *Comment rater son déjeuner*

En ingurgitant un sandwich

Même s'il est de la taille d'une demi-baguette, il contiendra trop de sucres et pas assez de protéines animales pour caler votre appétit plus de deux heures. N'oubliez pas qu'un plat unique, tout prêt, est plus rapide à manger qu'un sandwich. Bien dosé, ce plat riche en protéines apporte l'énergie qui convient pendant les quatre à six heures qui suivent ce repas.

En revanche, votre petit déjeuner pain-beurre-fromage vous permettra de vous préparer un sandwich facile à emporter, **mais pour votre petit déjeuner uniquement**.

En s'installant pour un déjeuner classique

Entrée, plat, fromage, dessert... Un repas qui ne possède que des désavantages : trop de temps, la quantité remplaçant la qualité, trop de mets différents qui compliquent la tâche de nos organes digestifs.

En le remplaçant par un substitut

Que celui-ci soit un yaourt, une pomme ou un faux semblant de repas, comme le sandwich ou les soit-disant plats-minceur en boîte, il sera générateur de la fatigue précoce de l'après-midi.

Votre ligne de conduite sera donc : manger dense, ni trop, ni mal, mais simple. Gardez donc le temps et les folies récréatives de vos envies pour les deux repas de fête auxquels vous avez droit chaque semaine.

LE GOÛTER

• Gras végétaux • Fruits et dérivés sucrés

Il est incontournable

C'est lui qui doit satisfaire l'apport en énergie quotidienne dont ont besoin nos organes fatigués par le travail accompli depuis le déjeuner.

Ce goûter est donc incontournable, quelle que soit l'heure à laquelle on le prend.

Mais attention, il ne s'agit pas d'un repas modulable, car il ne comporte aucun des trois aliments que l'on peut augmenter librement selon l'appétit (fromage le matin, viande à midi et poisson le soir). Le dîner pourra suivre ce goûter de très près en cas de faim dévorante, ou au contraire en être éloigné, voire même supprimé, en fonction de votre appétit.

Donc, si le soir, plus ou moins loin du goûter, vous avez faim, mangez !... Si vous n'avez pas faim, ne mangez pas !

Le goûter est la réponse à une dépense d'énergie. C'est pour cela qu'il ne faut, à aucun prix, en faire un rite, ni l'exagérer. Le dîner sera là s'il le faut et quand il le faudra, pour amener à l'organisme le complément d'un apport nutritionnel s'avérant insuffisant pour assurer sa reconstruction quotidienne, ce qui n'est en aucun cas le but du goûter.

Goûtez donc avec bonheur, mais pas avant d'avoir faim et pas au-delà des quantités recommandées, en respectant les bonnes proportions proposées.

La variable de ce goûter n'est pas sa quantité mais le moment où on le prendra.

C'est là une des conditions indispensables de la réussite de votre démarche vers un rééquilibrage correct de votre alimentation, et malheureusement la plus fréquemment ignorée.

À quel moment prendre son goûter ?

Jamais avant d'avoir faim !

La survenue précoce de la faim servant d'avertissement et vous signalant ainsi que l'organisme n'a pas été suffisamment nourri au cours du repas de midi.

À l'inverse, un repas très lourd obligera à retarder ce goûter, qu'on prendra à la réapparition de l'appétit, quitte à substituer au dîner, ce qui sera la preuve d'un déjeuner très abondant.

On ne prend donc pas son « quatre heures » mais son goûter, car il ne s'agit pas d'heure mais de besoin, et on placera celui-ci à l'heure où ce besoin se fera sentir, en évitant surtout de prendre des habitudes horaires immuables.

Surtout, ne sautez pas le goûter !

Parce que c'est le goûter qui vous permettra de ne pas être affamé le soir et de dîner légèrement, ou même de ne pas dîner si vous n'avez plus faim après un goûter pris tardivement.

À l'inverse de toutes les idées reçues, **le goûter est aussi obligatoire que le dîner est facultatif.**

Mais attention ! Il faudra non pas augmenter mais réduire ce goûter de moitié s'il est pris plus de six heures après le déjeuner. Il ne s'agit pas cependant d'enlever un des composants que vous découvrirez plus loin, mais de diviser chacun par deux.

Attendre d'avoir faim pour goûter

Même s'il est très tard. Peu importe, en effet, que ce goûter soit pris à l'heure du dîner, voire même du souper, l'essentiel est qu'il soit réduit de moitié, quitte à terminer la soirée par du poisson (à cette heure-là, le maquereau ou le thon en boîte seront les bienvenus !) si un petit creux survient avant le coucher.

Quelle est la composition idéale du goûter ?

Pour qu'un goûter atteigne son double but, apaiser et défatiguer, on va y associer :

– **les gras végétaux**, apaisants et dont le pouvoir coupe faim est bien connu ;

– **les fruits et leurs dérivés sucrés**, dont l'action tonique et défatigante va nous permettre de terminer la journée sans qu'un manque d'efficacité en gâche les dernières heures d'activité.

Gras végétaux

Les gras végétaux sont d'utiles coupe-faims pour prévenir un excès d'appétit le soir, mais également pour gérer la dépense d'énergie si vous faites du sport en fin de journée. Si vous devez faire au moins une heure d'efforts soutenus, prenez soin de manger avant celui-ci le gras végétal de votre goûter, en y ajoutant 1 barre de Chrono-protéines ou 1 sachet de Chrono-protéines (voir p. 283). Vous mangerez vos fruits après le sport et vous verrez bien si vous avez envie de dîner après. En dehors de ce cas particulier, le gras végétal doit être accompagné de fruits ou de leurs dérivés sucrés (voir p. 234).

Le chocolat noir

Choisir un chocolat dont la teneur en cacao est la plus élevée possible. Quelle que soit votre taille, la quantité est la même pour tous. Il en faut **30 g**, pas plus, pour qu'il puisse bien jouer son rôle, et on peut le préférer agrémenté de graines (amandes ou noisettes) ou de fruits (souvent raisins secs).

On évitera le chocolat contenant du gras animal, je ne vous dis pas lesquels, vous saurez très bien les reconnaître !

Si vous n'aimez pas le chocolat noir

Il y a d'abord **ceux qui ne le supportent pas :** en avaler le moindre petit morceau leur occasionne à chaque fois des maux de tête signifiant que le foie ou la vésicule n'apprécient pas du tout cet aliment très riche en lipides, et notamment en gras saturés. À ceux-ci, on est obligé de proposer d'autres gras végétaux. Et puis il y a **ceux qui ne l'aiment pas**, tout simplement parce que le goût très particulier du chocolat noir provoque dans leur bouche une désagréable sensation de gras. Par contre, **ceux qui n'aiment que le chocolat blanc**

ou au lait choisiront le chocolat noir le plus onctueux possible, l'onctuosité entrant pour une grande part dans leurs goûts. C'est en les habituant à un arôme beaucoup plus subtil qu'on les aidera à apprécier le chocolat noir. Ils s'y habitueront en général si bien qu'ils en viendront même, dans la plupart des cas, à détester celui qu'ils aimaient avant...

Optez pour d'autres gras... sans vous martyriser !

– **1 avocat** nature (ou ½ avocat s'il est gros), au sucre ou avec une vinaigrette qui sera plutôt à l'huile de noisette ou à l'huile d'olive ;

– ou **2 cuil. à soupe** bien pleines d'**olives** noires ou vertes et à toutes les sauces qu'on voudra ;

– ou **2 cuil. à soupe** bien pleines de **graines oléagineuses** : noix, amandes, noisettes, cacahuètes, noix de pécan, pistaches et toutes les graines qu'on voudra, pourvu qu'elles restent naturelles et ne soient surtout pas salées ;

– ou encore **1 cuil. à soupe** bien pleine de **beurre de cacahuète** !

– je connais une patiente, astucieuse et constipée, qui avale tous les jours au goûter 1 cuil. à soupe d'huile d'olive, ce qui lui permet de satisfaire à mes conseils en s'assurant un bon transit !

■ *Fruits et dérivés sucrés*

Vous pouvez manger tous les fruits, selon la saison, **excepté la banane**, qu'on pourra prendre avant le sport, en plus ou à la place des Chrono-protéines. Le goûter permettra, entre autres avantages, de contrecarrer d'intempestives fringales nocturnes comme les grignotages devant la télé ou au cinéma. Cependant son rôle essentiel étant de calmer un retour physiologique et tout à fait naturel de l'appétit, il ne faudra surtout pas en ritualiser l'heure, ce qui lui ôterait son but essentiel de coupe-faim. On prendra donc, selon ses goûts et son humeur :

– **2 fruits frais**

– ou **2 cuil. à soupe** bien pleines de **fruits secs** : abricots, dattes, figues, pruneaux, raisins... (mais pas les noix, noisettes... qui sont des gras végétaux) et tous les fruits tropicaux séchés qu'on voudra ;

– ou **2 pommes cuites** au four nappées de confiture, de miel, de sirop d'érable ou de sucre (2 cuil. à soupe) ;

– ou **2 cuil. à soupe de crème de marron**, à ne pas confondre avec la purée de marron qu'on ne sucre pas mais qu'on sale et qu'on mange le midi avec la dinde. N'en mangez pas tous les jours si vous avez tendance à avoir des difficultés de transit intestinal ;

– ou **2 cuil. à soupe de confiture + 2 cuil. à soupe** bien pleines **de compote**, en les panachant à votre fantaisie.

– ou **4 boules de sorbet**, au parfum qu'on voudra ;

– ou **2 grands verres de jus de fruits frais ;**

– ou **1 Coca-Cola,** formellement interdit à tout autre moment de la journée et surtout pas Light ni Coca-Cola zéro.

L'heure des confiseries

C'est également au goûter que vous pourrez déguster, si vous en avez envie, les friandises que je vous déconseille aux autres repas, par exemple :

– 6 calissons d'Aix
ou
– 3 marrons glacés
ou
– 4 loukoums
ou
– 4 pâtes de fruits
ou
– 2 cuil. à soupe de dragées

Pour faciliter votre transit intestinal

Si vous ne dînez pas, vous pourrez consommer du poisson en entrée au déjeuner du lendemain, mais aussi faire attention à apporter suffisamment de fibres à votre corps. Pour cela, vous choisirez au petit déjeuner du pain au son ou du pain complet, et à l'heure du goûter, en plus de vos parts de gras végétaux et de fruits, vous boirez un cocktail de jus de fruits frais.

Cocktail de fruits frais

Pour 1 personne

- 10 cl de jus d'ananas
- 10 cl de jus de pamplemousse
- 10 cl de jus d'orange
- le jus de 1 citron

LE DÎNER

- Poisson
- Légumes
- Boissons

Après une journée bien construite, le repas « ornement »

C'est le moment privilégié pour se retrouver en famille, en couple, entre amis. Hélas, ce plaisir d'être ensemble, de partager le repas vous entraîne souvent dans des agapes dévastatrices pour votre équilibre nutritionnel. Le dîner, qui ne devrait être qu'un repas complémentaire, devient alors l'ennemi de vos formes. Plaisir de se réunir, oui ! Obligation de beaucoup (trop) manger, non ! Restez donc raisonnable jusqu'au bout de la journée. Ce sera d'autant plus facile si vous avez bien mangé aux trois repas qui précèdent. Raisonnable n'étant pas synonyme de « tristounet », vous verrez que l'on peut déguster des plats savoureux.

Le dîner **n'est en aucun cas obligatoire**. Vous le prendrez seulement si la faim vous vient en fin de journée. S'il a lieu pour des raisons sociales ou familiales, il sera **léger**, mais pourra être abondant et à la mesure de votre faim.

Il sera toujours plus riche en protéines animales qu'en végétaux, tout comme celui du midi est plus riche en protéines qu'en féculents, et son composant principal, parce que le plus utile, **sera sans conteste le poisson** ou les fruits de mer, en quantité dépendante de votre envie.

Vous pourrez les déguster préparés à votre goût, en sauce ou pas, et en manger autant qu'il vous plaira !

Du poisson, des fruits de mer ou de la viande blanche... sinon rien !

Car ne manger que des végétaux est inutile, je vous le dis tout net, mieux vaut ne pas manger le soir que de faire un repas de légumes. Pire encore sera le repas de laitages, redoutable pourvoyeur en cholestérol.

Et ne choisissez la viande que si votre appétit est limité. Réservez le poisson et les fruits de mer aux grosses faims puisque vous pouvez vous en rassasier sans risque.

Si cela vous fait plaisir, et quelle que soit votre taille, vous pourrez remplacer les légumes verts par une assiette de salade verte.

Mais, surtout, jamais de potages, qu'ils soient « faits maison » ou « industriels », avec ou sans féculents.

■ *Poisson*

Si vous avez assez faim, vous choisirez des **poissons plutôt gras**, en sauce ou non selon votre fantaisie, et surtout vous en mangerez à la mesure de votre appétit. Le poisson s'élimine beaucoup plus rapidement que tout autre aliment animal, ce qui explique pourquoi je ne le conseille pas pour le déjeuner. Car, quelle que soit la quantité ingérée, vous risqueriez d'avoir faim très rapidement dans l'après-midi. La légèreté des protéines de poisson rend celui-ci éminemment digeste : un poisson très gras sera toujours moins riche en lipides que la plus maigre des viandes.

Poissons gras	Poissons maigres
Espadon	Brochet
Haddock	Cabillaud
Hareng	Colin
Lotte	Lieu
Maquereau	Limande
Morue	Merlan
Sardine	Raie
Saumon	Rouget
Thon	Sole
Truite	Turbot

La portion variera en fonction de votre taille et de votre appétit, sachant qu'il faudra compter un minimum de 100 g et ne pas dépasser 300 g de plus que votre hauteur en centimètres. La moyenne s'établissant à 150 g de plus que votre taille (hauteur) en centimètres, convertie en grammes, donc 270 g pour une personne de 1,70 m.

Poisson			
Votre taille en centimètres	**Poisson pesé cru**		
	minimum	moyenne	maximum
150 cm ou moins	100 g	200 g	450 g
160 cm	100 g	210 g	460 g
170 cm	100 g	220 g	470 g
180 cm	100 g	230 g	480 g
190 cm et plus	100 g	240 g	490 g

■ *Le repas de fruits de mer*

Rien ne vous empêche non plus de vous régaler d'un plateau de fruits de mer (idéal lorsque l'on reçoit), de moules marinières ou de homard Thermidor.

Quelle que soit votre taille, l'équivalent de 25 cl et jusqu'à 75 cl, voire 125 cl.

Fruits de mer
De 25 cl à 75 cl, voire 125 cl.

Si vous n'aimez pas le poisson...

Certains n'aiment pas trop le poisson, d'autres le détestent cordialement, en général à cause d'un vieux souvenir d'enfance d'arête coincée dans la gorge, que l'inconscient refuse à tout jamais d'accepter comme un incident mineur. À ceux qui sont réticents, on pourra proposer des recettes de **poissons fermes**, à la densité très proche de la viande, et suffisamment relevées pour que, progressivement, on puisse y prendre goût.

■ *Viande blanche*

Vous pourrez aussi **remplacer le poisson par des viandes blanches.** Mais veillez cependant à respecter deux règles précises.

Première règle : les viandes ne pourront être que blanches, dans lesquelles on inclura le veau, les volailles, le lapin, les gibiers sauvages et le porc maigre (côtes premières, jambon blanc).

Deuxième règle : contrairement à ce qui est permis pour les poissons et fruits de mer, vous ne pourrez dépasser la quantité recommandée, qui est : votre taille en centimètres, convertie en grammes, moins 40 g (par exemple, une personne de 1,70 m ne pourra pas prendre plus de 130 g de viande blanche, pesée crue, et de préférence sans sauce).

Viande blanche

Votre taille en centimètres	Quantité
150 cm ou moins	pas plus de 110 g, pesée crue
160 cm	pas plus de 120 g, pesée crue
170 cm	pas plus de 130 g, pesée crue
180 cm	pas plus de 140 g, pesée crue
190 cm et plus	pas plus de 150 g, pesée crue

Les viandes blanches seront un recours qui permettra d'**éviter le végétalisme** du soir, générateur de ventre, de fesses et de jambes enflées. Car, rappelons-le, les légumes sont par nature des aliments très minéralisés. Riches en eau et en sels minéraux, les légumes vont être, si l'on en abuse, les grands pourvoyeurs de cellulite, d'autant qu'en général on les assaisonne pour leur donner du goût, ce qui favorise encore plus la rétention d'eau.

À l'évidence, un repas de légumes est donc formellement déconseillé, et ceux-ci ne doivent être que le complément d'un repas de poisson ou de viande blanche. En effet, même si l'on est très friand de poisson, des viandes blanches le soir permettent de varier les plaisirs, évitant ainsi les automatismes et le risque de lassitude.

Quelles sont les viandes blanches ?

– porc maigre (jambon blanc, côtes premières)
– veau
– volaille sans la peau
– lapin
– gibier sauvage

Attention cependant à certains pièges :
– le gibier d'élevage est gras et se mangera le midi ;
– certains morceaux de porc sont très gras, il faudra donc les éviter et se contenter le soir du jambon blanc et des côtes premières qu'on cuira en les passant de préférence sous le gril.
– par contre le canard, volatile gras s'il en est (et bien qu'il soit en fait une viande rouge* !), peut se manger le soir car sa viande, riche en graisses oméga 3 est particulièrement bien tolérée par l'organisme, ceci expliquant le fameux paradoxe des Périgourdins, dévoreurs de canard à toute heure et protégés pendant toute leur vie des accidents vasculaires.

Les viandes blanches resteront un aliment occasionnel du soir et, contrairement au poisson dont on pourra faire une orgie, **on ne devra jamais dépasser la part correspondant aux normes indiquées plus haut**. Une sage conclusion à retenir : **ne mangez de la viande blanche seulement si vous n'avez pas très faim**.

* Le canard, comme l'autruche, est bien une viande rouge, les muscles contenant de la myosine comme dans celle du bœuf, du cheval et autres quatrupèdes.

■ *Légumes*

Ils viennent compléter le gros plat de poisson ou le petit plat de viande blanche, et on les mesurera comme les féculents du midi.

On les dénomme verts, mais attention à la couleur !

Paradoxalement, certains légumes rouges comme les tomates, les carottes et les betteraves sont bien répertoriés dans la catégorie des légumes verts, et certains légumes de couleur verte, comme les petits pois et les flageolets, sont assurément des féculents.

On les dit « frais », mais les délicieuses pommes de terre nouvelles sont des féculents, d'où un insoluble casse-tête pour certains !

Pour éviter toute erreur, nous avons démêlé cet imbroglio en tranchant résolument ce nœud gordien culinaire.

Tout légume susceptible de faire de la farine se mange le midi ; tous les autres doivent être consommés le soir. Crus, cuits, chauds, froids, grillés, en sauce, en vinaigrette, toutes les fantaisies vous sont permises, à condition bien sûr d'en respecter les quantités raisonnables. Ceci vous permettra de ne pas vous compliquer inutilement l'existence.

Le soir, on mangera donc toutes les plantes potagères autres que les farineux, et on en consommera tout ou partie.

– les racines : des navets, betteraves, salsifis…

– les feuilles : des choux, épinards, salades, oseille…

– les tiges : des poireaux, céleris, asperges…

– les fleurs : des artichauts…

– les fruits : des courgettes, concombres, poivrons…

Suivant votre taille, qu'il soient crus, ou qu'il soient cuits :

Légumes

Votre taille en centimètres	Quantité
150 cm ou moins	1 cuil. à soupe, pas plus
160 cm	2 cuil. à soupe, pas plus
170 cm	3 cuil. à soupe, pas plus
180 cm	4 cuil. à soupe, pas plus
190 cm et plus	5 cuil. à soupe, pas plus

ou 1 assiette plate de **salade verte**, en vinaigrette.

Un cas à part : les champignons

Mystérieux évocateurs de forêts et de prés... même s'ils ont été cultivés dans une cave !

Délicats et discrets accompagnements, aussi bien des poissons que des viandes, les champignons sont très peu nourrissants, ce qui permet de les ajouter à tous les plats. Attention cependant à la façon de les préparer suivant le moment de la journée ! Les cèpes à la bordelaise ne me paraissent pas précisément indiqués pour un repas du soir, tout comme les morilles bien gorgées de la crème qui nappe une savoureuse escalope vallée d'Auge.

■ *Boissons*

Pas de vin, pas de boissons sucrées. Mais vous pouvez prendre de l'eau plate ou gazeuse, du thé, des tisanes et du café, sans lait ni sucre ni miel ni édulcorant.

Vous aurez soigneusement noté chacune des quantités des différents aliments composant votre programme alimentaire.

Il ne vous reste plus qu'à les reporter sur la page récapitulant votre programme quotidien.

Attention : ne supprimez jamais votre dîner pour maigrir plus vite, mais seulement si vous n'avez pas faim.

Si vous avez un creux très tard, le mieux sera de prendre une tisane à goût sucré, préférable à un fruit frais ou à un jus de fruit, même non sucré.

Celle-ci permettra de clore habilement la soirée sans remettre inutilement au travail les organes chargés de votre métabolisme nutritionnel.

Ne vous étonnez donc plus des cauchemars qui dérangent vos nuits quand vous terminez mal vos soirées.

Plutôt que de provoquer cette involontaire pétaudière, partez sur la pointe des pieds sans déranger personne et, juste avant de vous coucher, buvez un grand verre d'eau pour finir de nettoyer votre estomac, ce qui vous permettra d'aller vous nicher dans les bras de Morphée avec un soupir d'aise.

DERNIÈRE RECOMMANDATION : APPRENEZ À GÉRER LES SIGNAUX D'ALERTE

Ce qu'il faut avant tout, c'est comprendre les messages que vous envoie votre corps au cours de la journée, et donc savoir l'écouter.

Celui-ci pourra en effet aussi bien vous remercier par une sensation de bien-être que vous faire des reproches en vous adressant des sensations diverses d'inconfort… allant jusqu'au retour à l'envoyeur !

■ *L'alarme du matin*

Si vous n'avez pas faim le matin, c'est que vous avez trop mangé le soir, ou trop tard, ou les deux. Cela promet une journée épouvantable si vous n'avez pas le courage de vous forcer à manger quand même entièrement votre petit déjeuner. Si vous ne le faites pas, vous aurez presque à coup sûr affreusement faim le midi. À moins de manger alors comme un goinfre, ce qui n'est pas évident, vous aurez encore plus faim le soir, entrant alors inéluctablement dans la spirale infernale dont il faut justement que vous sortiez à tout prix.

■ *Les signaux de la journée*

L'appétit du midi est normal et doit être calmé sans états d'âme ni complexes avec la viande.

Par contre, si vous n'avez pas faim parce que vous avez trop mangé le matin, ou parce qu'un dîner trop somptueux la veille laisse encore des traces, ne faites surtout pas l'erreur qui consisterait à sauter, ou à réduire, le repas du midi.

Le goûter, que vous serez alors obligés de prendre beaucoup plus tôt, ne suffirait sûrement pas à vous empêcher d'avoir anormalement faim le soir… et vous seriez ramenés au problème précédent !

Ce goûter devra, quant à lui, être respecté en toute circonstance, et vous n'aurez aucune excuse pour le sauter puisqu'il sera pris aussi tard que vous le voudrez ! Il peut se substituer au dîner, jamais l'inverse, sous peine de rendre celui-ci trop abondant, ce qui nous ferait repartir dans la spirale du « Je ne mange pas assez… donc je mange trop ! »

Les messagers du soir

C'est au repas du soir qu'on pourra le plus facilement juger si la journée a été bien ou mal gérée, et en tirer des leçons pour le lendemain.

En effet, si vous avez trop faim au dîner, c'est qu'il a été précédé de trois erreurs possibles.

1• Soit vous avez sauté le petit déjeuner ou le goûter, ce qui est une grave erreur car les repas suivants ne pourront en aucun cas compenser leur absence, même si vous augmentez leur quantité.

Ceux-ci contiennent en effet chacun un **coupe-faim naturel** destiné à éviter les grignotages et un excès d'appétit aux repas qui les suivent :

– le fromage du matin, corps gras animal ;

– le chocolat du goûter, corps gras végétal.

Ceci vous fait comprendre maintenant pourquoi j'ai tant insisté sur ces deux repas clés de la Chrono-nutrition, permettant de bien la gérer.

2• Soit vous avez négligé votre déjeuner du midi, ce qui n'est pas plus intelligent car vous allez ressentir dès le début de l'après-midi une faim dévorante, vous poussant à grignoter toute la journée, sans que vous puissiez réussir à la calmer

3• Soit vos repas n'ont pas été assez riches en composants indispensables :

– lipides animaux le matin ;

– protéines animales le midi ;

– gras végétaux au goûter.

Cette erreur est d'ailleurs le plus fréquemment rencontrée chez les femmes, victimes de cette coutume ancestrale qui consistait à grignoter les restes puis à aller chercher des baies ou des racines pour compléter un bol alimentaire trop restreint.

Extraordinaire atavisme qui les pousse à préférer les végétaux... même si elles ont parfaitement compris la nécessité d'une nourriture beaucoup plus carnivore et peuvent maintenant manger autant de protéines qu'il leur est nécessaire.

Dans les deux cas, la meilleure façon de calmer son appétit le soir sans provoquer des stockages intempestifs sera de **manger autant de poisson gras qu'on aura faim, même en sauce.**

En apportant des lipides oméga 3 et 6, éminemment digestes et utiles à toute heure, on évitera l'assimilation dangereuse d'autres graisses animales et de protéines lourdes. La plus grosse erreur consistant à manger le soir la viande que l'on n'a pas mangée à midi ou, pis encore, le fromage du matin.

On s'évitera également une nuit difficile, l'excès le soir de corps gras autres que ceux des poissons étant dans la nuit fort mal assimilé par l'estomac, que ce soit de la langue sauce piquante, ou pis encore, un gros steak.

Il faut savoir interpréter la faim du soir, et surtout apprendre à la calmer.

■ *La leçon à retenir est donc simple*

Quelle que soit la façon dont on essaiera de contourner les règles de la Chrono-nutrition, on aura droit, dans tous les cas, à un imparable effet boomerang. Toute carence, provoquée consciemment ou non, sera suivie dans votre organisme d'un restockage aussi consciencieux qu'indésirable. Mais hélas, tout stockage par imprudence n'entraînera jamais le phénomène inverse, et vous garderez vos centimètres et vos kilos. Soyez donc prudents dans vos comportements nutritionnels, ce sera sans aucun doute le commencement de la sagesse !

On se méfiera notamment des petites fantaisies répétées qu'on s'autorise en pensant qu'elles passeront inaperçues mais qui sont génératrices, à plus ou moins brève échéance, de grandes prises de volume et de gros chagrins !

Il faut également tenir compte des impondérables, que ce soit dans la vie de tous les jours ou lors de circonstances exceptionnelles, sans oublier les petits détails… car je veux vous armer encore mieux contre les pièges et les dangers.

■ *Encore un dernier point important*

Un message de votre corps auquel il faut savoir répondre : les envies de manger sans avoir réellement faim. Celles-ci signifient en effet que votre corps souffre de carences en vitamines et/ou oligo-éléments ce qui le pousse à rechercher les aliments qui en contiennent, même si quantitativement il a été suffisamment nourri. Pour remédier à ces grignotages, la solution est simple : prendre tous les matins 2 gélules de vitamines et oligo-éléments comme je vous l'ai recommandé dans les 2 premières phases de votre programme.

Et petits conseils d'ami

Pour ne pas dériver, de la discipline !

Soyons clairs : « **Ce qui n'est pas écrit n'est pas autorisé !** » Ce qui veut dire que si ce n'est pas dans la liste, c'est **non**, et nous oblige à exclure toute entorse au programme.

Mais, pour garder le moral, de la fantaisie !

Ne jamais rester bloqué sur une liste trop restreinte d'aliments : s'il faut respecter les proportions entre animal et végétal, il ne faudra cependant pas oublier de varier le plus possible la composition des plats pour éviter un effet de lassitude.

Et pour la joie de vivre, les coups de folie !

Deux fois par semaine, pas le même jour, repas libre, y compris les entrées, les desserts et les boissons, qu'elles soient alcoolisées ou pas… que je vous invite tous à boire à ma santé !

Il y a quatorze repas dans la semaine .

– douze pour que votre corps soit en forme ;

– et deux autres pour que votre tête le soit également !

Souvenez-vous : je vous veux tous **heu-reux** ! Comment le seriez-vous s'il n'y avait plus dans votre semaine des instants de bonheur et des moments de folie ?

Quelles que soient vos situations et vos conditions d'existence, la conclusion est qu'il faut, en toutes circonstances, savoir adapter ses repas à ses efforts physiques et intellectuels en sachant faire passer son instinct avant ses envies.

Mais la meilleure façon d'éviter les problèmes est de savoir comprendre les signaux que votre corps vous envoie quand sa situation devient critique. Malheureusement, on sait trop rarement les interpréter et plus rarement encore y obéir, même s'ils sont de précieux indicateurs permettant de corriger des erreurs ou des oublis. Cependant, certains sont indispensables à connaître si l'on veut gérer sans à-coups son poids et sa silhouette. Nous allons donc vous aider à reconnaître ces signes d'alerte.

À vous de jouer !

Pages 251 à 253, vous trouverez votre « journée type personnelle ».

Phase 3 – Équilibre

Votre journée type personnelle

Inscrivez vos quantités, selon votre taille (hauteur en centimètres)

Le petit déjeuner

Consultez les quantités recommandées pour votre taille (hauteur en centimètres) p. 207 à 212.

• Au moins.......... g de fromage ;
• Au plus.......... g de pain ;
• 10 à 12 g de beurre doux ou salé ;
– ou au moins.......... cuil. à soupe d'huile d'olive ;
+ (si matinée longue) .... œufs et/ou.......... g de charcuterie ;
• boisson à volonté : thé, café, infusion, tisane, eau plate ou pétillante... sans lait ni sucre ni miel ni édulcorant.

Le déjeuner

Consultez les quantités recommandées pour votre taille (hauteur en centimètres) p. 216 à 229.

• Au moins.......... g de viande rouge ;
– ou.......... g de charcuterie ou abats ;
– ou.......... g de viande blanche ou volailles ;
– ou.......... œufs en omelette, durs, mollets, brouillés... ;
– ou au plus.......... g de poisson gras + au moins.......... g de viande, charcuterie ou abats ;
– ou au plus.......... g de fromage + au moins.......... g de poisson gras ;
• Au plus.......... cuil. à soupe bien pleines de féculents ou céréales cuits (pâtes, riz, purée, frites...), chauds ou froids, même au beurre ou en vinaigrette. On peut remplacer par 50 g de pain.

Le goûter

Pas avant d'avoir faim et aussi tard qu'on voudra, c'est le même pour tout le monde !

• des gras végétaux :
– 30 g de chocolat noir : pur, aux noisettes, aux fruits, à la pâte d'amande ou autre fantaisie, du moment que c'est du chocolat noir ;
– ou 2 cuil. à soupe bien pleines de graines non salées (noix, noisettes, pignons, sésame, noix de pécan, pistaches, cacahuètes, noix de cajou...) ;
– ou 2 cuil. à soupe bien pleines d'olives (noires, vertes ou violettes) ;
– ou 1 avocat entier (s'il est gros, 1/2), au sucre ou à la vinaigrette.

• des fruits et dérivés sucrés :
– 2 fruits frais ;
– ou 2 cuil. à soupe bien pleines de fruits secs : abricots, dattes, figues, pruneaux, raisins ou fruits tropicaux séchés ;
– ou 2 cuil. à soupe bien pleines de compote + 2 cuil. à soupe de confiture ;
– ou 2 pommes cuites avec 2 cuil. à soupe de confiture, miel, sirop d'érable, etc. ;
– ou 2 cuillerées à soupe de crème de marron ;
– ou 4 boules de sorbet aux fruits ;
– ou 2 grands verres de jus de fruit frais ;
– ou 1 Coca-Cola.

Le dîner

Consultez les quantités recommandées pour votre taille (hauteur en centimètres) p. 238 à 243.
• si l'on n'a pas faim : rien... à condition de penser à boire ;
• si l'on faim : au moins .... g de poisson gras ;
– ou 1 bol de 25 cl à 100 cl de fruits de mer ;
– ou au plus.......... g de viande maigre, et de préférence sans sauce.
• au plus.......... cuil. à soupe de légumes verts, toujours cuits en hiver, cuits ou crus en été, et qui peuvent être dans les deux cas en vinaigrette ;
– ou 1 assiette plate de salade verte, en vinaigrette.

Les boissons

Je l'ai dit pour le petit déjeuner, et c'est valable pour **toute la journée, tous les jours de la semaine, on boira à volonté** : eau plate ou pétillante, thé, café, tisane sans lait ni sucre ni miel ni édulcorant et, bien entendu, aucune autre boisson, pas plus alcoolisée qu'artificielle. Donc **pas de vin**, à l'exception bien sûr des deux repas joker.

2 repas joker par semaine (voir p. 61)

Pensez aussi que vous avez droit à deux repas joker dans la semaine et que vous pourrez à ce moment-là laisser libre cours à vos envies... Tout est permis.

Et 1 joker de plus pour les esclaves des laitages...

Pour ceux-là, le dimanche matin, ou un autre matin de congé, donc une seule fois par semaine au moins :
• 4 yaourts au lait entier, nature, avec, dans chaque, 1 petite cuillerée à café de crème fraîche ;
– ou 1/2 litre de lait entier + 2 yaourts nature + les 2 petites cuillerées à café de crème fraîche ;
– ou 200 g de fromage blanc entier + 1 petite cuillerée à café de crème fraîche.
À noter que ce joker supplémentaire est totalement interdit dans les phases 1 et 2.
Attention ! même si cela vous paraît beaucoup, vous ne devez en aucun cas diminuer les quantités.

LES CAS PARTICULIERS

Les cas particuliers sont relativement peu nombreux, la plupart des difficultés qu'ils provoquent étant plus liées à un manque d'organisation qu'à une réelle difficulté. Mais certains impératifs d'horaires ou de temps, essentiellement professionnels donc incontournables, nécessitent une adaptation que nous essaierons de rendre la plus agréable possible.

LES OCCASIONS SPÉCIALES

Le sport

Au cours de la journée, des efforts physiques intenses devront être précédés et accompagnés, surtout pas suivis, par un complément nutritionnel essentiellement végétal mais le plus riche possible en protéines et en lipides : par exemple, des bananes ou 100 g de cake, plutôt que des fruits… Nous avons testé des aliments à base de soja dont l'usage est manifestement sans grand intérêt pour la gestion de l'effort.

En revanche, les Chrono-protéines sous forme de barre ou de sachet sont les compléments alimentaires de loin les plus efficaces pour compenser la dépense d'énergie pendant le sport.

Par ailleurs, évitez autant que possible de faire du sport le midi si c'est votre seul créneau de liberté dans une journée chargée. Mangez bien, puis détendez-vous, promenez-vous, ce sera la meilleure manière de rester en forme tout l'après-midi.

■ *Le rituel des repas professionnels*

Affirmons notre différence ! Ce sont les repas d'affaires auxquels, la main sur le cœur et une auréole autour de la tête, on prétend n'avoir, hélas, pas pu échapper…

Les solutions

Il est pourtant facile d'affirmer sa personnalité à ces repas en commandant deux parts de viande, une petite part de féculent, par exemple des frites, et… rien d'autre. Ce qui a un double avantage :

– celui de vous laisser deux fois plus de temps de parole qu'à ceux ayant pris plusieurs plats ;

– celui de ne pouvoir être suspecté par personne de faire un régime. Car il est évident qu'avec une telle quantité de viande dans votre assiette, complétée par un féculent réputé particulièrement nourrissant, nul ne se risquera à vous en faire la remarque, surtout si vous êtes dans la phase où vous avez atteint la minceur que vous souhaitiez acquérir.

Rien ne vous empêche également de commander :

– un plat de poisson (pas une entrée !) ;

– puis un plat de viande ;

– et en dernier la part de féculents.

En bref, ne vous laissez plus influencer par les modes et les usages pour ne pas risquer de perdre l'équilibre de votre corps en perdant celui de vos repas.

Les cocktails, pots et autres arrosages

Ils font partie des rituels professionnels et leur côté relationnel les rend pratiquement incontournables Alors, sachez les maîtriser.

Inutile de vous gaver de jus de fruits pour éviter les alcools : les calories seront tout autant au rendez-vous, et plus encore la cellulite s'il s'agit d'un jus de tomate bien salé.

Les solutions

– Le classique Perrier-rondelle, mais attention aux petits gâteaux qui viendront consoler l'héroïque buveur d'eau !

– Ou, plus subtil, le « tout sucre » : plutôt qu'un jus de fruit, on prendra de préférence un verre de champagne ou un verre d'alcool de grain comme le whisky, ou un apéritif anisé, qu'on accompagnera exclusivement d'aliments sucrés. Tous ceux qui composent le goûter seront les bienvenus. En faisant suivre ce « goûter », qui n'en est pas un, par un repas du soir de poissons à volonté, le tour sera joué.

Les repas de famille

Ils associent rituellement tous les gras, tous les sucres et un bon nombre de protéines, aussi bien animales que végétales, en général largement accompagnés de boissons sucrées, alcoolisées, ou les deux.

Qu'il s'agisse d'un repas du midi ou d'un repas du soir, il ne faudra diminuer ou sauter que le repas du soir qui suit, jamais un autre repas.

Cela évitera de modifier l'équilibre naturel de la nutrition, dont la chronologie ne serait alors plus respectée.

Les solutions

– Supprimer ou simplement réduire un repas du soir aura l'avantage de permettre un déstockage en douceur, sans souffrir de la faim puisqu'on ira dormir, en veillant cependant à boire suffisamment.

Mais il faut surtout éviter l'erreur classique qui consiste à réserver son appétit pour les fêtes en diminuant ou en supprimant les repas qui les précèdent. On obtiendrait, dans ce cas-là, exactement l'effet inverse de celui que l'on souhaite : l'organisme, volontairement affamé, se ferait un plaisir d'accueillir à satiété et plus encore tous les aliments qu'on lui offrirait, accumulant, on le sait, plus de recettes qu'il n'aurait fait de dépenses.

Les pique-niques

Le principal piège des pique-niques sera toujours le sandwich, suivi de près par la salade composée.

Dans les deux cas il y aura en effet, sauf exception, toujours beaucoup trop de végétal et pas assez d'animal avec l'effet désastreux d'être suivi par la réapparition d'un appétit d'autant plus féroce que l'après-midi aura été sportif.

Les solutions

– Pour éviter de mal répartir les aliments, le mieux est de les emporter dans des boîtes séparées : une pour les viandes, une pour les féculents... Cela permettra à tout un chacun d'y puiser la quantité d'animal et de végétal qu'il jugera utile, sans pour cela imposer aux autres ses proportions spécifiques.

– Autre précaution : ne jamais oublier la dépense d'énergie générée par une journée passée à se promener au grand air et prévoir en conséquence un solide goûter + 1 barre de Chrono-protéines ou 1 banane par heure d'effort.

■ *Les voyages et les vacances*

Pour ceux qui partent loin, on accommodera les repas aux pays visités et à l'énergie dépensée ! Car il n'y a rien de commun entre un trekking au Népal et un séjour reposant à l'île Maurice, bien que les latitudes en soient, dans les deux cas, quelque peu plus au sud que la nôtre !

Que ce soit :
– un voyage dans un pays froid ou dans un pays chaud ;
– la dépense d'énergie formidable des amateurs de randonnées alpines ou le modeste exercice d'un paisible promeneur sur les planches de Deauville ;
– le farniente des professions manuelles ou la détente sportive des bureaucrates ;

Toutes ces situations nécessiteront une adaptation particulière qui constitue une partie importante des demandes auxquelles répondent les professionnels de santé et l'IREN'S par des conseils nutritionnels.

Les solutions

À chaque situation particulière répondra donc une adaptation nutritionnelle… et non l'inverse comme on a trop souvent tendance à le faire, avec des résultats inévitablement catastrophiques à la fin des vacances si l'on n'a pas su préserver au moins les grandes lignes de la Chrono-nutrition.

■ *Les vacances à l'hôtel*

C'est évidemment la pension complète qui peut mettre en péril un équilibre acquis ou sur le point d'être atteint.

Les solutions

– Garder pour le matin le fromage du midi et du soir.

– Réserver pour le goûter les fruits et les desserts sucrés, sans oublier que, vacances ou pas, on aura deux fois par semaine l'occasion de faire la fête, grâce aux 2 repas « joker » (voir p. 61), et notamment de s'alcooliser.

Ce qui signifie que le petit rosé tous les soirs sous la tonnelle risque fort de vous laisser, sinon des remords, au moins très certainement des regrets... qui seront d'autant plus vifs que les vacances auront été longues.

L'ENTOURAGE

■ *Les couples où l'un est sédentaire et l'autre actif*

C'est le fait d'être sédentaire qui pose le plus de problèmes. La sédentarité devrait amener à réduire plus ou moins la ration alimentaire quotidienne, ce qui est difficile pour celui qui s'y contraint. Celui qui reste le plus à la maison est toujours tenaillé par le besoin de se nourrir plus tôt et, dans la plupart des cas, fait un repas de trop en voulant garder le même schéma nutritionnel que son conjoint.

Les solutions

– Dissocier les schémas nutritionnels de chacun, sinon il va obligatoirement se produire une cassure de la Chrono-nutrition pour l'un des deux.

– Goûter quand vient la faim naturelle, en attendant le retour du conjoint.

■ *La mère ou le père de famille au foyer*

Obligé(e) de préparer le dîner des enfants, puis d'y assister, il ou elle vit un véritable supplice de Tantale, qui deviendra :

– soit une vraie torture pour les parents ayant le courage de ne pas s'attabler ;

– soit, s'ils ne peuvent résister à la tentation, la source de prises de poids aussi spectaculaires que fréquentes provoquées par ce repas ajouté.

Les solutions

Goûter systématiquement quand les enfants dînent, ce qui a l'avantage complémentaire de les accompagner dans leur repas du soir. Dans les deux cas, le chocolat et les fruits trouveront donc tout naturellement leur place vers 19 heures, en attendant un dîner vers 21-22 heures ou même plus tard.

Le dîner de couple qui terminera la soirée sera d'autant plus agréable qu'il ne sera plus motivé par une faim dévorante mais par le simple plaisir de partager un moment de détente bien mérité.

Faites attention cependant à ne pas manger par obligation conviviale : n'oubliez pas d'obéir à votre sensation de satiété autant qu'à celle de faim et, dans ce cas, contentez-vous de boire.

L'important est d'être assis ensemble pour bavarder, regarder la télévision ou tout simplement le plaisir de se voir… mais pas obligatoirement de faire travailler ses mâchoires au même rythme !

Les enfants

À la maison

À partir du moment où ils commencent à manger comme les adultes, ils peuvent suivre ma méthode. Il est important de varier les menus en ce qui les concerne. On proposera le fromage sous forme de quiches, croque-monsieur, etc.

À la cantine

Les repas de cantine pour enfants sont souvent tellement mal équilibrés que cela reste une des questions les plus préoccupantes pour moi. Le problème essentiel étant le manque de protéines, vous pouvez leur donner une base de Chrono-protéines à manger en dessert. Ce délicieux complément alimentaire leur permettra d'apaiser correctement leur faim tant en se régalant.

Le goûter

Ce sera le même que celui de l'adulte (voir p. 230), à ceci près que, dépensant plus d'énergie, les enfants ont également droit aux bananes.

EN FONCTION DE VOTRE ACTIVITÉ PROFESSIONNELLE

■ *Pour ceux qui travaillent la nuit*

Cela pose le problème le plus simple et facile à résoudre, à condition d'accepter d'adapter les nécessités de son alimentation aux impératifs horaires de son activité professionnelle.

Les solutions

Celui qui travaille de nuit, se levant à l'heure où les autres prennent leur déjeuner du midi, prendra son petit déjeuner avec eux :

– le « petit déjeuner » de midi sera donc pour lui l'heure du fromage-pain-beurre. Si l'après-midi est long, une pause fruits et boisson sucrée suffira en attendant le déjeuner qui se prendra en même temps que le dîner des autres :

– le « déjeuner » du soir sera alors viande-féculents, pendant que le reste de la famille mangera poisson-légumes verts ;

– le « goûter » se prendra dans la nuit ;

– le « dîner » se prendra en fin de nuit ou en rentrant du travail.

Vous voyez donc qu'on peut très bien être amené à manger lourd le soir quand les autres mangent léger, ou sucré... ou même pas du tout.

■ *Pour ceux qui exercent un métier physique*

Si le travail de nuit est responsable d'horaires décalés, il existe des professions dont les emplois du temps sont bien plus difficiles à gérer : un crevettier de Honfleur partant tirer ses filets pour quatre heures de pêche devra, à l'évidence, faire provision d'énergie avant de prendre la mer. Au cours des efforts à accomplir, placé dans la même situation qu'un marathonien, il lui faudra alors maintenir son énergie pendant le même temps qu'une longue course, et à bord d'un petit bateau, les barres de Chrono-protéines seront le complément alimentaire idéal.

Les solutions

Dans les deux cas, il suffira d'amener **toutes les heures** un complément d'énergie ne risquant pas d'avoir un effet cumulatif. Pour cela, un sucre rapide sera trop fugace et risque de provoquer des hypoglycémies réflexes. L'idéal nous a finalement paru un aliment dense associant protéines végétales, lipides végétaux et glucides... cela laisse le choix entre 1 barre de Chrono-protéines ou 1 banane par heure.

■ *Pour ceux qui exercent un travail intellectuel*

Les efforts intellectuels soutenus sont comme les efforts physiques, ils nécessitent un carburant complémentaire.

Les solutions

Les étudiants auront tout intérêt à manger :

– la première partie du goûter en fin d'après-midi ;

– 2 heures environ après : un dîner de poissons et/ou fruits de mer, sans légumes ;

– dans la nuit, 1 heure au moins avant le coucher, la deuxième partie du goûter (fruits secs, fruits frais et dérivés sucrés) / ou une barre de Chrono-protéines, dont l'avantage, quand on la mange avec les sucres rapides, sera d'activer au maximum les fonctions cérébrales de mémorisation, ce qui permettra ainsi de retenir tout ce qu'on aura appris dans la soirée et dans la nuit.

Leur attention pourra ainsi rester vigilante jusqu'à un coucher même très tardif suivi d'un sommeil d'autant plus réparateur que la métabolisation des sucres, laissant le foie totalement en repos, ne provoquera pas de lourdeur au coucher.

■ *Pour ceux qui font les 3 × 8*

La pire invention que la civilisation prétendument moderne a pu créer reste encore le système des 3 × 8 : par souci de prétendue égalité, on fait tourner des horaires de travail de 8 heures toutes les semaines, voire tous les 3 jours, pour que chacun puisse goûter l'ineffable bonheur de travailler tantôt le matin, tantôt l'après-midi et tantôt la nuit.

Les solutions

Sur le plan nutritionnel, ces à-coups horaires ne déclenchent pas de catastrophes car il est relativement facile d'adapter leur alimentation à l'activité des personnes concernées.

Comme on l'a déjà vu, il suffira de décaler complètement les repas pour le travail de nuit (voir p. 262).

En revanche :

– si l'on se lève avant 6 heures du matin, il suffit d'ajouter à son programme nutritionnel quotidien dans l'heure du lever 1 barre ou 1 sachet de Chrono-protéines.

On prendra sans problème :
– le petit déjeuner à la pause du matin et les autres repas, y compris le goûter, aux heures habituelles.

■ *Pour ceux qui travaillent dans la restauration*

Ils travaillent chaque jour en deux périodes hyperactives séparées par une plage de repos de deux à quatre heures.

Pour ceux-là, il a fallu trouver un équilibre tenant compte des deux plages d'activité intense pendant lesquelles il n'était pas question de manger quoi que ce soit.

Les solutions

– un gras végétal et une boisson non sucrée au lever ;
– le petit déjeuner vers 11 heures, juste avant le service ;
– du poisson après le service du midi ;
– le repas de viande et féculent avant le service du soir ;
– si nécessaire, des fruits avant le coucher.

Et toute la journée : boissons à volonté sans lait ni sucre ni édulcorant.

■ *Pour ceux qui font souvent des voyages d'affaires*

Les voyages d'affaires doivent se traiter comme les situations de travail en 3 × 8 (voir p. 264), c'est-à-dire qu'on doit s'adapter aux circonstances. N'oubliez pas que votre corps est une machine et qu'il n'a pas d'états d'âme. Vous devez donc le nourrir au rythme de votre activité.

LE PASSAGE DE LA VIE PROFESSIONNELLE À LA RETRAITE

Les trois facteurs les plus fréquents et les plus redoutables de malnutrition, donc d'accélération du vieillissement chez les retraités, sont :
– le lever trop tardif ;
– l'inactivité ;
– l'habitude du grignotage sucré.

Quel que soit son âge, le corps a toujours besoin de reconstruire ses cellules, qui sont constituées, nous l'avons déjà vu, de lipides et de protéines. Les sucres ne suffiront pas à leur équilibre nutritionnel et, conséquence plus redoutable encore, ils empêcheront l'assimilation correcte des aliments nécessaires à l'entretien des cellules. De plus, au fur et à mesure que l'organisme vieillit, les métabolismes et les échanges d'ions s'effectuent de moins en moins bien, ce qui rend les personnes âgées plus fragiles.

Les solutions

Il faudra donc veiller à ne pas se laisser aller à une nonchalance corporelle sous prétexte de liberté intellectuelle. L'arrêt du lever obligatoire et d'une discipline horaire tout aussi obligatoire entraînent chez les retraités une sensation de liberté totale.

J'insiste sur le fait qu'être à la retraite n'implique pas du tout de mettre son corps en vacances permanentes, mais de restructurer sa vie en veillant à ne pas déstabiliser complètement l'organisation de ses journées. C'est en gérant correctement son emploi du temps et en gardant des journées bien remplies que l'on pourra dans l'année se ménager des plages de repos total. On conservera donc une vie active rythmée par des temps de vacances nécessaires. Ainsi on échappera au syndrome du retraité, redoutable pourvoyeur de kilos et, par conséquent d'accidents cardiaques ou pulmonaires.

LES TROUBLES MÉTABOLIQUES

■ *Si vous avez du cholestérol*

Contrairement à l'opinion répandue, l'hypercholestérolémie, même génétique, n'est pas une malédiction inguérissable. Depuis environ dix ans, la découverte de nouveaux médicaments et leur utilisation ont permis une maîtrise spectaculaire des troubles du cholestérol.

Mais beaucoup de thérapeutes sont encore persuadés, à tort, que l'hypercholestérolémie, une fois qu'elle s'est déclarée, ne peut être maîtrisée que par la thérapeutique médicamenteuse. Or, si on suit parfaitement un schéma alimentaire très précis, reposant sur la Chrono-nutrition, toute anomalie du cholestérol, qu'elle soit en excès ou carentielle, pourra être rééquilibrée sans aucun médicament, ce qui est une véritable révolution… À condition, bien entendu, que cette alimentation soit parfaitement suivie et qu'elle le soit à vie. Donc, contrairement aux idées reçues, il ne faut surtout pas priver d'apports en corps gras les personnes présentant des hypercholestérolémies sous peine de les voir fabriquer à outrance le cholestérol qui, justement, est le plus dangereux.

Bien entendu, les protocoles alimentaires seront soigneusement établis par un thérapeute qualifié formé à la Chrono-nutrition. Celui-ci établira pour chaque individu un schéma nutritionnel précis, qui ne sera pas forcément adapté à un autre sujet souffrant d'une autre forme d'hypercholestérolémie.

Les grandes lignes de ce protocole, qui seront à adapter pour chaque cas, ne sont pas particulièrement compliquées.

• Au petit déjeuner : supprimer le beurre et remplacer obligatoirement celui-ci par au moins deux cuillérées à café d'huile d'olive sur le pain.

• Au déjeuner : supprimer la charcuterie et les œufs, dont seul le jaune est redoutablement toxique dans les cas d'hypercholestérolémie avérée. En revanche, autoriser les abats avec quelques réserves :

– seront interdits : cervelle, ris de veau, rognons, foie (porc, veau, génisse, bœuf, mouton, lapin) ;

– seront autorisés : tous les autres abats, y compris gésiers confits, foies de volaille et foie gras de canard. Vous en aurez l'illustration et la confirmation par l'extrait de l'étude que j'ai effectuée conjointement avec le Pr Jean-Robert Rapin, parue dans le journal scientifique. *NAFAS* du 2 juin 2003.

■ *Si vous souffrez de diabète*

Celui-ci est notablement plus facile à gérer, quelle que soit son expression, la Chrono-nutrition comportant, dans tous les cas, une proportion de glucides nettement inférieure à celle que les diabétologues proposent. On ne craindra donc pas, *a priori*, les excès de sucre. Sauf au moment du goûter où les diabétiques devront suivre quelques recommandations. Mais il y a deux cas de figure bien distincts :

• **Soit il s'agit d'un diabète de surcharge** et il sera simplement nécessaire de supprimer les aliments trop riches en sucre au goûter (raisin, ananas, cerises, dattes, miel, sirop d'érable, confitures, confiseries, sirops, sodas et sorbets). Il faudra également supprimer temporairement les goûters dînatoires et vous obliger à dîner légèrement 2 heures après le goûter tant que vos paramètres biologiques indiqueront une hyperglycémie associée à une HbA1c trop élevée. Le retour à des valeurs correctes sans traitement permettra, bien entendu, de reprendre une alimentation parfaitement normale.

• **Soit il s'agit d'un diabète insulino-dépendant** et il faudra ajouter d'autres précautions à la restriction des sucres au goûter :

– Au petit déjeuner : la part de pain sera réduite de 10 g et la part de fromage sera augmentée d'autant.

– Au déjeuner : on remplacera les féculents par la même quantité de légumes verts cuits ou le double de crudités, sans oublier d'augmenter en même temps de 20 g la part de viande.

– Le dîner sera strictement obligatoire, limité si vous le souhaitez à une petite part de poisson, mais jamais réduit à un plat de légumes, ce qui risquerait de provoquer de graves déséquilibres dans votre glycémie du réveil.

– Dernière précaution : ne jamais prendre le risque de goûter avant d'avoir réellement faim, l'idéal étant de contrôler, dans les premiers temps, avant celui-ci, votre glycémie par un test digital.

Bien entendu, dans les deux cas, il conviendra, comme pour les pathologies du cholestérol, de confier à un thérapeute qualifié formé à la Chrono-nutrition le suivi et la gestion de l'alimentation

■ *Si vous souffrez de pathologie du côlon*

Quelle que soit celle-ci, la Chrono-nutrition a l'énorme avantage d'être très bien équilibrée en fibres, ce qui permet à l'intestin de ne pas souffrir de surcharges. Notamment grâce à l'apport de plus de fibres animales et moins de fibres végétales. Toutes les colites fonctionnelles, qu'elles soient spasmodiques ou atoniques, seront donc améliorées par le simple respect de la Chrono-nutrition.

En ce qui concerne les colites diverticulaires, la maladie de Crohn et autres colites organiques, il faudra prendre des précautions particulières, ces pathologies nécessitant une répartition des fibres soigneuse et la suppression de certains aliments végétaux.

Dans un cas comme dans l'autre, les légumes verts ne pourront être assimilés qu'en petite quantité, toujours cuits et de préférence toujours mixés.

Tous les fruits devront être débarrassés d'éventuels pépins, ce qui exclut les figues, et faites attention aux tomates.

En ce qui concerne le pain, méfiez-vous surtout de tous ceux qui contiennent des grains ou dont la mie est trop dense, préférez tout simplement du pain blanc, sous forme de baguette, c'est le pain dont l'index glycémique est le plus faible, car il ne contient notamment pas trop de mie.

■ *Si vous souffrez de diatèse urique (c'est la goutte !)*

Vous pouvez, hélas, être sujet à souffrir de la « goutte » sans pour autant que vous n'en buviez ! On sait que l'acide urique peut être particulièrement élevé chez les buveurs et chez les gros mangeurs de charcuterie, mais ce qu'on ignorait, c'est que celui-ci s'élève d'autant plus qu'on mange décalé, même si on mange les mêmes aliments.

Ainsi, se nourrir le soir de charcuterie, d'œufs ou de fromage, ou des trois, ou boire de l'alcool à n'importe quelle heure du jour, fait courir le risque que votre gros orteil vous intime un douloureux rappel à l'ordre.

C'est, en effet, au niveau de la première articulation du gros orteil que se manifestent le plus fréquemment les crises de goutte. Mais méfiez-vous, d'autres petites ou moyennes articulations peuvent également être atteintes.

Il faudra donc respecter à la lettre la chronologie des aliments et si le taux d'acide urique est très élevé, on supprimera la charcuterie, l'alcool (même quand c'est la fête !), le chocolat et les abats.

Enfin, on dit beaucoup de mal des fruits de mer, en fait, le responsable des lendemains matin douloureux sera surtout le vin blanc qui les accompagne surtout si le repas était le soir !

Ultimes conseils

Vous voici donc en passe d'atteindre votre but, mais attention aux embûches semées sur votre chemin ! Pour vous aider à les éviter, et en espérant que vous allez les lire et les relire jusqu'à connaître parfaitement la façon de gérer votre corps, voici la liste des **dix principes de l'IREN'S**, que je vais vous commenter afin de la rendre plus facile à mettre en application.

Les 10 principes de l'IREN'S

1. L'alimentation adoptée pour mincir restera toujours valable pour ne pas regrossir.
2. Utiliser des aliments allégés, artificiels ou même légers, n'est pas le bon moyen pour mincir.
3. On n'intervertit jamais l'ordre des repas.
4. On peut faire, si l'on en a envie, deux grosses bêtises dans la semaine (notamment prendre de l'alcool), mais pas de petites tous les jours.
5. On ne mange pas un aliment à un mauvais moment.
6. On n'augmente jamais la part de végétal dans les plats.
7. On calme sa faim avec l'animal, jamais avec le végétal.
8. On ne tente pas de compenser le soir un repas oublié dans la journée.
9. On mange avec plaisir, mais seulement pour calmer sa faim... sauf si c'est la fête.
10. Ce qui est bon pour vous est bon pour les autres.

1. L'alimentation adoptée pour mincir restera toujours valable pour ne pas regrossir

Avec ma méthode, vous n'êtes pas au régime à proprement parler. Donc, lorsque vous aurez atteint votre poids et vos mensurations souhaitables, continuez à appliquer les principes de la Chrono-nutrition. La phase de croisière est en effet un changement définitif de vos habitudes alimentaires et en ne commettant plus d'erreur dans votre façon de vous nourrir vous serez certain(e) de rester mince, condition nécessaire et suffisante pour garder la forme aussi bien que les formes tout au long de votre vie.

2. Utiliser des aliments allégés, artificiels ou même légers, n'est pas le bon moyen pour mincir

Ne trichez pas avec votre alimentation, ce ne serait pas un bon moyen de perdre du poids. Si, par malheur, vous arrivez à maigrir en vous aidant de faux-semblants alimentaires, que ferez-vous ensuite ?

– si vous mangez comme avant, vous reprendrez votre silhouette antérieure plus un certain nombre de kilos ;

– si vous persistez dans la même voie, vous serez à coup sûr condamné à vous acheminer vers la maigreur et son redoutable cortège de carences :

• carences calcique et protéique responsables d'ostéoporose ;

• carences lipidiques en oméga 3 et 6, responsables de syndromes dépressifs.

3. On n'intervertit jamais l'ordre des repas

Intervertir l'ordre des repas est aussi imprudent que de sauter le repas qui précède un repas de fête... Aucun prétexte ne pourra justifier l'erreur de manger peu ou pas le matin, léger le midi, rien l'après-midi et lourd le soir, ce qui va exactement à l'encontre de votre métabolisme nutritionnel. Je vous ai déjà parlé de tous les inconvénients que cela engendre, j'y ajouterai celui d'un inéluctable vieillissement prématuré provoqué par la perturbation des oxydations naturelles survenant de façon décalée. Ce qui arrive notamment quand le matin, au petit déjeuner, on mange des compotes, de la confiture, du miel ou qu'on boit un jus de fruits en croyant dans tous les cas bien faire. Or, ces oxydants bloquent complétement, ou presque, les oxydations naturelles que votre corps doit absolument accomplir pour commencer à métaboliser correctement les gras saturés et les protéines que vous venez de manger. Ceci confirmant l'adage : « il est bien connu que l'enfer est pavé de bonnes intentions ! »

4. On peut faire, si l'on en a envie, deux grosses bêtises dans la semaine (notamment prendre de l'alcool), mais pas de petits dérapages tous les jours

On a vu récemment réapparaître dans le milieu des chercheurs de chauds partisans d'un ou même deux verres de vin quotidiens... Tout médecin généraliste expérimenté connaît les dégâts que provoque, à long terme, l'absorption journalière d'alcool, même en faible quantité. En effet, quand vous ferez la fête, votre organisme mettra aussitôt en place tout un système complexe de rééquilibrage et d'épuration, vous permettant d'éliminer rapidement vos débordements alimentaires et vos libations. Mais la petite erreur de tous les jours passera inaperçue dans le flot nutritionnel normal et viendra s'ajouter goutte par goutte, gramme par gramme, à votre volume et à votre poids.

5. On ne mange pas un aliment à un mauvais moment

Je vous ai soigneusement énuméré l'ordonnance des repas et les raisons physiologiques de celle-ci. Alors, si vous ne voulez pas compromettre tous vos efforts pour mincir ou rester mince, ne mettez pas le déjeuner à la place du dîner, le petit déjeuner au goûter et vice versa, sauf bien entendu dans le cas où vous vivez à l'envers ! Ainsi le petit déjeuner se prend au lever, même s'il est midi, le déjeuner le soir si l'on travaille de nuit, et le poisson avant le coucher même s'il est 7 heures du matin !

6. On n'augmente jamais la part de végétal dans les plats

Il est tellement tentant de manger sans mesure des crudités ou de la salade, sous prétexte que cela ne nourrit pas. On oublie, ce faisant, l'effet pervers des aliments légers. Ils ne donneront certes pas de poids ou très peu... mais auront sur les volumes des effets accumulatifs fort peu esthétiques : grosses jambes et culotte de cheval seront les punitions morphologique, auxquelles s'ajouteront une désagréable sensation de lourdeur et d'empâtement des membres inférieurs.

7. On calme sa faim avec l'animal, jamais avec le végétal

Il faudra surtout éviter de surcompenser les messages de votre appétit en faisant l'erreur de l'apaiser avec des aliments ne correspondant pas à ses besoins. La faim est un message naturel traduisant le besoin d'un complément nutritionnel ; il vous faudra cependant veiller à la satisfaire correctement en la calmant avec l'aliment adéquat à chaque moment de la journée. Dans ce but, on augmentera si nécessaire :

– le fromage le matin, ou on lui ajoutera œufs et/ou charcuterie à volonté ;

– la viande le midi ;

– le poisson, de préférence gras, le soir.

Au cours de la journée, des efforts physiques intenses devront être précédés et accompagnés, surtout pas suivis, par un complément nutritionnel essentiellement végétal mais le plus riche possible en protéines et en lipides !

8. On ne tente pas de compenser le soir un repas oublié dans la journée

On compensera les manques d'une journée par un gros repas **du matin**, en ajoutant œufs, viandes et charcuterie au pain + beurre + fromage du petit déjeuner.

À l'inverse, le repas du soir pourra être supprimé ou remplacé par un goûter tardif en cas de surcharge. En résumé, on mangera le matin et le midi pour accumuler les réserves d'énergie qu'on dépense dans la journée, mais le soir uniquement pour satisfaire un retour de l'appétit par l'insuffisance des apports effectués pendant le reste de la journée. Manger sans un réel appétit enverrait à notre corps le message d'un besoin de stockage de réserves en prévision de possibles disettes.

9. On mange avec plaisir, mais seulement pour calmer sa faim... sauf si c'est la fête

Ultime conseil : ne vous servez pas quotidiennement de votre bouche pour compenser vos chagrins et vos stress, vous aboutiriez à coup sûr au résultat inverse. Souvenez-vous de l'histoire du buveur qui buvait pour se consoler et que boire rendait malheureux... ce qui l'obligeait à boire pour oublier son chagrin !

Consolez-vous plutôt en participant à de mémorables festins en famille ou entre amis, dont vous garderez un souvenir d'autant plus agréable que vous les aurez dévorés sans honte ni remords !

10. Ce qui est bon pour vous est bon pour les autres

Celui-ci reprend la phrase de la patiente ne pouvant manger correctement parce que ses enfants étaient en vacances !

Rappelons-le, la Chrono-nutrition nous concerne tous sans exception et il ne sera nécessaire de la modifier qu'en de très rares occasions justifiées par une pathologie ou une intolérance avérées. Nous expliquons quotidiennement à des parents venus nous consulter l'utilité de faire manger comme eux, aussi bien un fils un peu fluet qu'une fille dodue et un conjoint sportif, dans le même but de donner à chacun une silhouette équilibrée. La partie est d'ailleurs gagnée d'avance quand on s'aperçoit de l'énorme avantage consistant à faire, avec bonne conscience, le même plat pour tout le monde à chaque repas.

Conclusion

Tout paraît si facile… et pourtant certains d'entre vous, pendant que d'autres s'enthousiasment, appréhendent à l'idée d'adopter un style de vie très différent de leurs habitudes quotidiennes. La chronobiologie nutritionnelle est un merveilleux mécanisme dont on détruit l'équilibre si on mange les aliments au mauvais moment. Cette rupture d'équilibre s'accompagnera de maigreur si l'on ne mange pas assez, de prise de poids et de volume si l'on mange trop. Changez définitivement vos habitudes et votre corps changera, sans pour cela être obligé de vous priver. Pour rester simple, je vous conseillerai donc simplement de respecter la chronobiologie en suivant la Chrono-nutrition, réorganisation raisonnable de l'alimentation humaine :

– un bon gros et gras petit déjeuner le matin avec un peu de pain et surtout pas de laitages contenant du lactose ;

– un bon déjeuner de toutes les viandes qu'on voudra le midi avec un peu de féculent ;

– un somptueux goûter de gras végétaux et de fruits ;

– le soir un dîner le plus léger possible… sans oublier que le poisson est le meilleur aliment du soir et que trop de légumes donne des hanches !

Soyez fantaisiste dans vos choix, mais ne les intervertissez pas.

Voilà mon ultime conseil avant de vous laisser gérer votre

avenir… mais rassurez vous, je ne serai jamais très loin et toujours prêt à vous aider !

Bon appétit et… à bientôt peut-être !

Votre bien dévoué,

Docteur Alain Delabos

L'Institut de Recherche Européen sur la Nutrition et la Santé (IREN'S)

L'origine de l'IREN'S

L'institut est le résultat d'une complémentarité entre six personnes dont le trait de caractère commun est **l'esprit de recherche** et le trait d'union intellectuel la **nutrition**, chacune traçant sa voie dans une direction précise, mais les unes et les autres échangeant régulièrement entre elles les résultats de leurs découvertes et de leurs conclusions. C'est ainsi que le professeur Rapin, chercheur en pharmacologie, permet en 1994 au docteur Delabos, médecin nutritionniste, de valider scientifiquement son expérience clinique de la *Rééducation alimentaire naturelle*. C'est également grâce au professeur Rapin que le docteur Curtay, nutrithérapeute, les rejoint, ainsi que le docteur Jamot, expert en gérontologie. Amicalement sollicité, le docteur Simonin, épidémiologiste, accepte de s'impliquer dans la voie de recherches communes. Le docteur Tapiero, nutritionniste associé depuis deux ans au docteur Delabos, vient compléter l'équipe en apportant son expérience de la communication. Ainsi sera créé l'IREN en 1996. Le temps passe et l'IREN se renouvelle et s'agrandit, pour devenir en 2009 l'**IREN'S**, **Institut de Recherche Européen sur la Nutrition et la Santé**, accueillant dans ses rangs de nouveaux chercheurs, d'autres se retirant pour profiter d'une retraite bien méritée, ou trop occupés par leur secteur personnel d'activité.

Des premiers membres fondateurs il reste la vieille garde :

– **Docteur Robert Caduc,** président ;

– **Docteur Alain Delabos,** trésorier, directeur des recherches cliniques ;

– **Docteur Jean-Claude Jamot,** directeur des recherches en gérontologie ;

– **Professeur Jean-Robert Rapin,** conseiller scientifique.

À laquelle viennent s'ajouter :

– **Docteur Jean-Pierre Campagne,** directeur des recherches en micro-nutrition ;

– **Docteur Sébastien Delabos,** secrétaire ;

– **Docteur Claude Munini,** vice-présidente.

L'institut a pour objet :

– L'étude expérimentale des aliments et de leurs effets thérapeutiques ou nocifs sur l'être humain.

– L'exploration des désordres biologiques créés par des carences, des excès ou des déviations alimentaires.

– Les études de recherches cliniques permettant le dépistage et la caractérisation des facteurs de risque liés aux anomalies nutritionnelles.

– Les études et les enquêtes épidémiologiques des problèmes de la nutrition sous leurs aspects psychologiques et thérapeutiques.

– La recherche et l'étude de la somatisation sur les comportements alimentaires.

– La recherche sur les médicaments susceptibles de contribuer à la maîtrise et à la correction des anomalies d'origine organique ou psychosomatique.

– La validation des protocoles d'examens cliniques qui permettent de pouvoir évaluer la nature et l'évolution des anomalies morphologiques.

Adresses de l'IREN'S en France :
21, rue Royale, 75008 Paris
3, rue de la Pie, 76000 Rouen
Tél. (centralisé) : 02 35 73 09 23

Où trouver...

LES COMPLÉMENTS NUTRITIONNELS DE LA CHRONO-NUTRITION

Gélules de **Chrono-Vita+**
En vente sur le site www.biochrono.net

Gélules de **Chrono-vitamines**
En vente sur le site http ://www.complement-regime.com/chrono-selling.php

Gélules d'extrait de **griffonia** (Griffo-Mince et Griffo-Mince +)
En vente sur le site www.biochrono.net

Barres et sachets de **Chrono-protéines** (Chrono-barres, Chrono-sachets, Chrono-boissons...)
En vente sur le site www.biochrono.net

UN CHRONO-NUTRITIONNISTE OU UN CHRONO-EXPERT EN FRANCE

Un **chrono-nutritionniste** est médecin. Un **chrono-expert** est une personne de profession paramédicale.

Tous deux ont suivi une formation à l'École de Chrono-nutrition de Rouen, sous l'égide de l'IREN'S (Institut de Recherche Européen sur la Nutrition et la Santé).

• Pour trouver le praticien le plus poche de chez vous, il suffit d'aller sur les sites :

http://www.biochrono.net ou

http ://www.complement-regime.com/ou-trouver-les-chronoexperts-en-france.php

• Vous pouvez vous faire suivre par le Dr Alain Delabos, en allant sur le site www.chrono-coaching.com.

• Ou encore contacter l'institut IREN'S (02 35 73 09 23)

• En cas de problème de santé, il est préférable d'aller sur le site, piloté également par le Dr Delabos et ses collègues médecins nutritionnistes : www.la-chrono-nutrition.fr

TOUTES LES RECETTES DE LA CHRONO-NUTRITION

Retrouvez toutes les recettes de la Chrono-nutrition dans les livres suivants (aux éditions Albin Michel) :

Dr Alain Delabos :
Mincir sur mesure grâce à la Chrono-nutrition (1999, nouvelle édition 2005)
Mincir en beauté grâce à la Morpho-nutrition (2009)
Le Régime starter (2006)
Vaincre le cholestérol grâce à la Chrono-nutrition (2008)

Dr Alain Delabos et Guylène Delabos :
230 recettes gourmandes pour mincir sur mesure (2000)
La Cuisine saveur pour mincir en beauté (2002)
Mincir gourmand spécial Chrono-nutrition (2007)
La Chrono-nutrition spécial Ramadam (2007)

Table des matières

2 – LA PHASE INTERMÉDIAIRE

Le programme de la phase 2

3 – LA PHASE ÉQUILIBRE

Introduction à l'usage de celles et ceux qui ont déjà minci

Les particularités de la phase 3 – équilibre

Le programme de la phase 3

Table des recettes

Direction éditoriale : Laure Paoli

Composition IGS-CP
Impression CPI Bussière, février 2012
à Saint-Amand-Montrond (Cher)
Éditions Albin Michel
22, rue Huyghens, 75014 Paris
www.albin-michel.fr

ISBN 978-2-226-21780-6
N° d'édition : 19720/04. – N° d'impression : 120667/4.
Dépôt légal : mars 2011.
Imprimé en France.